晉乘廣告

本社六大主義一發揚國粹二融化文明三提倡自治四獎勵實業五收復路鑛六經營蒙盟議論精實深邃迥非浮夸皮傳者所能企及其中研究國語闡釋古學者諸篇尤爲空前絕後之作文藝一欄更能滌舊革新獨樹一幟咸有裨益社會之文不類無關時世之作誠文明時代無雙之饒將雜誌世界唯一之霸王也第一二號出版後大受社會歡迎三號現已付梓不日出書識時之傑有志之士曷一覽焉如欲訂購者祈逕函達本社或向雲南四川河南夏聲諸雜誌社訂閱皆可

每册一角四分半年六册七角全年十二册一元二角

日本東京神田區仲猿樂町五番地

晉乘雜誌社

上海民呼日報廣告

鄙人去歲創辦神州報因火後不支退出未竟初志今特發起此報以爲民請命爲宗旨大聲疾呼故曰民呼闢淫邪而振民氣亦初創神州之志也股額定十萬每股百元現已招足六萬元俟機器運到即宣布出版日期捲土重來誓以刦後之身雪前此無功之恥海內外同人如有寵錫教言及願擔任訪事者請函寄上海四馬路西三山會館對過本報事務所爲幸

于右任啓

關隴雜誌廣告

（第三期已出）

關隴爲西北鎖鑰。天然占優勝之形勢。其存亡得喪。在歷史上地理上。罔不與神州全局有絕大之關係。況自俄人受挫遼陽後。廻風西轉。撼我崑侖。西北急警。日緊一日。本社同人。既切桑梓之危。復深祖國之痛。爰自忘其愚。矢移山志。組織斯報。專以提倡愛國精神。濬瀹普通智識。爲宗旨。其於强俄在西蒙回疆之舉動。及關隴與吾國全局關係之點。尤特別注意。發揮靡遺。凡留心西北情勢者。幸垂覽焉。

日本東京麴町區飯田町五ノ三六

關隴雜誌社啓

四川雜誌各代派處

成都四川雜誌社支部	四川省城學道街志古堂轉邵明叔
重慶本社支部	四川省重慶城督郵街廣益書局
嘉定寶善書局	四川省嘉定府城內土橋街
滎縣閱報社	四川省滎縣城內西街洪春店丁厚扶
大竹書報社	四川省大竹縣城南門內
康子猷君	四川省會理州城內
陶懋辛君	四川省夔州府公立中學堂
光裕公號	四川省資州城新正街
吳恩洪君	四川省忠州東門外泰興正號
敘府劉春和	四川省敘府大南門外
永順堂號	四川省綏定府河街
美輿公號	四川省打箭爐
何成瑜君	四川省甯遠府昌西官小學堂
周代本君	四川省廣安州學務局
黃石書君	四川省永川中學堂
洪芝生君	四川省合江縣城外上街洪森盛

江西雜誌廣告

莊周有言。泉涸則魚相喣以沫。而相忘於江湖。故鳥之將死。其鳴哀。心所謂危。必以告本社同人。慨故鄉之不競。傷來日之大難。願同長吉之嘔心。肝不避孫卿之譏。口耳刺取所學。組一雜誌。顏曰江西。專以導引文明。濬發民智。鼓吹地方自治。圖謀社會公益嗟夫、歐風東捲。國步艱危。江西處揚子江流域。潮流震盪。日益劇烈。而日本朝報聲言欲括諸州權利。南潯軌線。延緩徒勞。數載工程。渺渺章門。沉沉黑獄。廬山黯其無色。贛水咽而失聲。於人曰浩然。安得文山之氣。問天其何意。太息若士之詞。言之不文。惟以告哀邦人諸友。其或有取於斯

江西雜誌社啓

夏聲雜誌出版廣告

劉覽中國四千年建邦史古代文明盛稱西北炳炳蔚蔚宏我漢京祖宗之光亦我同胞之榮也時轉勢移舊態全更比者日俄戰爭結果斯拉夫民族視線頓轉蒙彊隸於範圍陝甘危在旦夕破竹勢成全國是慮哀我秦隴尙安枕席大地河山鎖殘春夢黃河奔瀉而失聲華嶽滲淡以無色馬嘶邊草逐胡空憶廉頗之才人泣秦廷憂國徒灑包胥之淚同人鑒茲痛祖國之沈淪念桑梓之危急用是組織此雜誌月刊一冊其主意在經營蒙彊防衛西北助我同胞之不逮而以開通風風溥除弊俗**發揮固有文明灌輸最新學說鼓國民獨立之精神**爲宗旨競芳英各以所得爲社會益智棕爲國民導海鏡誠開闢西北之巨斧醫國聖手亦可藉此作病源論矣第一期已出版閱者曷爭先睹

日本東京小石川區第六天町四十番地

夏聲雜誌社啓

宋大儒程顥像

漢大儒許慎像

明逸民孫夏峰先生隱處

論著

中國變法之回顧（承前）

明民

當同光之交攷求洋務之說喧囂于上下竺舊之徒動援用夏變夷之說與夫歷代陳言以相難當局之不肖者乃反利用此等囂張無識之氣以爲反對立論之基礎阻其間擢其萌蘗故雖有二三明達能略窺中外得失之源然有所更張輒不能如其意所欲出而收指臂相通之效是以講求變法數十餘年所發興者僅二十餘事然綜其綱要不出二途一曰屬于富之事如開礦築路紡織電報是也一曰屬于強之事如購造船械繕營砲台是也斯固當日執政諸公所揭櫫于天下者意謂歐美富強之術罔不由茲及就其結果觀之匪特富強無由而國計民生反什伯蹙於曩昔蓋根本之道旣違其極也則謬以千里子輿氏曰不揣其本而齊其末中國變法

之謂也今試取其創辦洋務之大端論之則其得失之幾可鏡矣

歷攷歐美各國經濟發達之故靡不由於藏富於民蓋國者民之積未有民豐而國匱者此不易之公例也而吾國言利之計臣乃適與之相反山澤自然之利紡織舟車之用胥欲罔之于朝廷筦之以官吏惟恐天然餘澤稍及於吾民究之一利未形百竇叢出即如中國礦產富甲東西五金之藏不可以僂指數乃棄貨于地仰屋嗟貧若商民欲開則官吏作梗託辭阻拒需索包苴或謂事多窒礙難予准行或謂風水攸關輿情難洽因循推宕事用不成此皆見之當時文告者也又或慾壑已盈准予開採然稅捐積重輸運多艱吏役如狼勒索時至折閱不貲中途封閉如此之事當時蓋不一而足也推其本意必欲盡天下之礦胥歸官辦而後已而不知其力之不足以舉此也故至光緒二十二年崧蕃與辦礦務疏猶云當此需款孔亟尤宜收天地之利以裨國用而裕度支奴才身受厚恩天良具在敢不竭力圖維冀紓宸廑當飭藩臬會同善後局司道妥議詳辦現擬遴派熟悉礦務之員分赴各屬查明何處可辦再設法籌備官本認眞開採緣雲南地處邊瘠實鮮大商若不先發官本

商民徒誤事機云云。三復此疏。能無駭笑。夫謂雲南邊瘠之地。實鮮大商。寧不思雲南之官其子孫衣食之供揮霍孝敬之貲曷莫非自此邊瘠之雲南出者又曷一非取諸此邊瘠雲南之商民耶一則曰官本再則曰官本而不知實在之官本固罔不來自田間即等而上之而此作威作福玉食萬方之辟其所以能作威作福之故又曷莫非資藉此邊瘠雲南之商之民或等于此邊瘠雲南諸省之商之民有以供奉其揮霍耶嗚呼積非成是視爲固然盜憎主人莫可究詰是則吾民所宜恫心怵志者耳而當時論者復多以官督商辦爲言謂全恃官力。則巨費難籌。兼集商貲。則衆擎易舉。商招股以興工。官稽查以徵稅。據此以言。則當時所謂官辦官督之情形。均不難于言外見之。故數十年來。毫無成效。而所謂某局所公司。亦不過爲二三巨公。位置私人之地。開平之鑛。雖略有端緒。然開平所納之稅。較之西煤。多至半額。爲叢驅爵是果何心是誠百思而不得其解者也尤可異者。當日汽船舟車。均禁百姓不得興造。而上海織布局開辦之初。亦嚴禁防效。只准獨行。是果根據何種理由乎。夫各國政府之對於商民營業原有保護其專賣之權然此乃對于商人自已有所發明獨創者而言非屬漫無理由之舉夫創始者其功多專利則人思競此實鼓厲工商之良法也未聞因人有法而復禁仿效更未聞仿效人者更有權能禁人之仿己也且民生所需布帛菽粟日難一缺度諸公興辦機器紡織之初衷亦必曰收復利權杜塞漏巵而已仿製者日衆則利權之收復也必日多而洋紗之輸入者亦必日減斯固自然之數也今乃昧於根本之計而爲無壟之效顰不織其自身之不肖誤學邯鄲行失故步是無異欲入而閉之門臨大敵者之自縛其衆士之手足而冀以一身爲萬矢的也瞀亂昏愚莫玆爲甚故積至今日而紡織之利尚未發展洋紗入口日倍于前寧不可爲之痛悼也哉善夫郭氏筠仙之言曰泰西富强之業資之民商國家用其全力護持之與人民交相維繫幷力一心以利爲程所以爲富强者民商厚積其勢以拱衞國家中國官民之氣隔閡太甚言富强者視以爲國家之本計與百姓無涉要之國家大計必先立其本其見爲富强之効者末也本者何綱紀法度人心風俗是也無其本而言富强祇益其侵耗而已賢者於此固當愼之又曰天地自然之利百姓皆能經營不必官爲督率若徑由官開採則將强奪民業煩擾百

端。百姓豈能順從。而在官者之煩費。又不知紀極。爲利無幾。而所損耗。必愈多。（中略）然則西洋汲汲以求便民。中國適與相反。所以仿行西法。以求富强者。不知果何義也。竊思富强者。秦漢以來。治平之盛軌。常數百年不一見。其源由政教修明。風俗純厚。百姓家給人足。樂於趨公。以成國家磐固之基。而後富强可言也。施行本末。具有次第。初不待取法西洋。而端本足民。則西洋與中國同也。國於天地。必有與立。亦豈有百姓困窮。而國家自求富强之理。今言富强者。一視爲國家本計。與百姓無與。抑不知西洋之富。專在民。不在國家也。夫當時樞府諸公。顛倒紛紜。一無實際。不知輕重之務。本末之辨。其議論識見。能及郭氏者。殆如鳳毛麟角也。而郭氏亦以所見獨深。不肯狥虛憍狓倡之論。以爲同異。故一時膚薄之徒。多傅會深文以攻持其短。且朝廷用人。本無成見。惟視左右親近。及其尤頑固昏憒者之議論。以爲轉移。雖有嘉謀。將安用之。不然。中國自變法以來。數十餘年。計臣謀士。獻策紛紜。其良法美意亦夥頤。憚於指數矣。何無一焉能見諸實事者。而所謂親王大臣之意恉。乃朝方入告。而夕竟行耶。此其故殆可深長思矣。

至若當時辦路之事。尤有難言者。夫吾國鐵路之創始。以上海江灣線爲權輿。然盈廷頑固之徒。胥視爲不祥之物。必欲使萬里華夏奧區。一線不築而後快。故于光緒二年。沈葆禎遂不惜重欵購其全線而毀之。至光緒三年。開平煤礦以運煤艱苦之故。稟修關內外唐胥線二十里。雖經政府允准。然尙視鐵路爲不足重輕之物。在可無可有之間。迨總理衙門設立以後。李文忠以圖鞏固海防。調運靈通之故。欲多修鐵道以爲兵事之機關。遂于光緒十二年。奏請將鐵路歸總理衙門管理。其奏准者。有關內外龍洲大冶三線。凡二千餘中里。三線今已告成。然非外國自辦。即爲華洋合辦。否則借欵承辦者。于利國便民。均無與也。

蓋吾國自中東戰事以還。政府以酬俄羅斯迫日還遼故。遂舉滿洲全路隨喀希尼秘約拱贈俄人。外國自辦之鐵路。遂以是爲濫觴。於是彼碧眼黃髯者。窺我政府昏昏者之易與也。遂羣起而要求之。要求不遂。乃恃强而直攫之。肉食諸翁。却之不能。爭之不得。於是汝取汝求。不得已而爲和盤托出之舉。而龍洲鐵路。滇越鐵路。赤安。鐵路乃贈于法矣。青濟鐵路。遂贈于德矣。自是以後。外國自辦鐵路之勢。于以大張

俄既獲得特權於是經營東清鐵路不遺餘力路線告成而西伯利亞之幹線遂得
連絡以直達旅大之不凍海口而與太平洋水路一氣相連於是彼得大帝之遺謀
遂南下而不能抑遏法自占據越南以後日謀危吾南服至光緒二十一年駐京法
使索辦廣西龍洲至越南河內鐵道總理衙門始雖以中國自辦答之然終以鉅欵
難籌遂以軍事界極有關係之路畀諸虎狼之手嗣後獲有滇越勢力益堅德人亦
乘膠洲教案之風波强租商埠青濟鐵路遂落其手彼明爲商業之發達暗圖經濟
之拓張直入長驅豐菑未已夫中國既蒙披支傷心之禍外人復懷得隴望蜀之思
路綫所經勢力隨之而去我權坐喪彼勢日張此外國自辦鐵路之危機實有令
人深思長恨者矣

至華洋合辦之路其主權胥操於洋人之手華人不能過問化華爲洋等于外國自
辦前事照然無庸旁證至借欵承辦愈爲無策之尤致借債辦路之議實創自劉銘
傳十六年李文忠欲修關東鐵路亦向奧商倫道阿借銀三千萬兩後以奧商欲索
特權其議遂寢不意光緒二十二年鐵路總公司成立以後彼督辦大臣盛宣懷者

乃大倡洋債可借之說且實行之于光緒二十四年遂向比國借一百十二兆五十萬佛郎建築京漢鐵路種種利權胥被攘于外人之手此路直貫索河南睠我中洲平原膴膴我千我百帶以黃河今俱不得不隨此路綫穿之以去此誠吾人所目擊心傷而當亦舉國同胞所浩然長喟者也且此路之管理權亦屬諸外人之手旅客行人動遭侮蔑而同時胡燏棻復為修關內外鐵路借欵于英喪失主權不可殫說夫「今日路歸何國即他日地屬何人」彼盛宣懷者何自言而自蹈之也

夫吾國自光緒二十年以後各國覘知我國外强中乾之隱乃羣起而生覬覦之心要求辦路者企踵而至惛惛諸公不察其用意之所在漫然應之國體之喪失不顧也主權之澌滅不顧也利源之劊剝不顧也席其虛憍自大之氣以為人莫予毒不知各國包藏禍心匪朝伊夕誘之以巨大之貲財怵之以國家之武力上下一心以亡我為程故于訂立借欵合同之時皆寓席捲土地之意致我河山失色國土沉淪此皆吾人之隱痛而今日無可如何者也夫以經濟政策亡人家國者吾奚恫焉特恨以我神洲之民為可欺二萬萬方里之地為不足輕重此其肉乃眞不可食也

夫當日袞袞諸公其所持富國之術不越以上數端本玆政策以行之則生民之憔悴流離立譚可待何以故則以袞袞諸公其心中目中僅知有朝廷不知有國家僅見有官吏不見有人民故以此原因故一舉一措之間無往而不自相牴觸處處虛誣事事矛盾洎乎今玆迷罔尤甚蓋今日執政之人材猶半爲前此講求洋務時代之人材也今日所行之政策猶是前此講求洋務時代之政策也更張愈多隔絕愈甚故四海困窮之日正九重酣舞之時而上多饜肥衣錦之徒即下益凍瘦饑軀之慘孔子曰不患寡而患不均歷代衰亡之原罔不由于不均而起此弊至今殆尤甚而不可挽矣樂專于上不及于下困屬于下不及于上是以國家病矣而朝廷未聞感若何之痛也民生瘠矣而官吏猶不失爲肥也上下相懸勢同星壤橫覽九州豎觀三古天可雨粟馬可生角未聞有政府淫嬉于上兆民顛連于下而可據以久安長治者矧外環以蛇豕之憑陵內益以種族政治不平之惡感也哉變法以來其取于民者名目益衆竭澤而漁莫之或恤凋弊之象有岌岌不可終日之勢然猶岸然渙汗大號于天下曰非是則不足以致富強也蚩蚩之民敢云咨怨雖有強項其

如防內亂之軍威壯盛何恫哉嚴氏之言曰自秦以降爲政雖有寬苛之異而大抵皆以奴虜待吾民雖有原省原省此奴虜而已矣雖有燠咻燠咻此奴虜而已矣夫上旣以奴虜待民則民亦以奴虜自待夫奴虜之於主人特形刼勢禁無可如何已耳非心悅誠服有愛于其國與主而共保持之也故使形勢可恃國法尙行則齅靴勢面胡帝胡天揚其上于至高抑其已于至卑皆勉爲之一旦形勢旣去法所不行則獨知有利而已矣共起而挺之又其所也復何怪乎嗚呼明乎此言其亦可洞見吾國今玆政府與人民之敵矣夫政府變法以來其所持以爲富國之方以及其行之之功績具如上述若更進而觀其强國之謀則尤有令人悼嘆者

當英法聯軍之新破北京也時太平天國之勢方熾江南江北欽差大臣曾國藩及江蘇巡撫薛煥俱建議利用外國將官以收勦賊之効于是朝廷依議命曾國藩任聘請洋弁訓練新軍之事時値美國將官名華爾者以罪去國潛匿上海而上海道揚坊知華爾有沉毅才遂薦之于布政使吳煦煦乃請于美領事赦其舊罪使募歐美願爲兵者數十人益以中國應募者數百使訓練之以防衛蘇滬其度屢與敵戰

常能以少擊衆。所向披靡。故官軍敵軍。均號之爲常勝軍。嗣後慈谿之役。華爾中彈貫胸卒。美人白齊文代之。將。然白氏狡而好謀。時通款子李秀成。謀據松江爲內應。並在上海掠貲巨萬以去。于是英國將官戈登。遂代白氏而領常勝軍矣。太平天國之役。戈登之力居多。李文忠見常勝軍之可用也。殆注意策練新軍。然今承其遺策。數十餘年于此矣。糜耗天下之脂膏。以供助餉練兵之用。至今不特不能收其用。且日益孱窳不振。爲强鄰誚笑。今之所成。僅足以供妨制家賊之用。若夫決勝疆場。震懾四國。則固河淸難候也。

至海軍之設。亦爲政府所注意。籌辦鐵甲。始于光緒元年。發端亦光緒二年。派福建船政生出洋學習。六年、復設水師學堂于天津。十四年、北洋海軍已成立。就表面觀之。經營亦不可謂不力。然不意中日戰開。一衂塗地。致數千里海線。無復旗影輪聲。自是以來。中國內部之潰敗乃愈昭。而政府誤國之罪乃益不可掩。以致國權日蹙。强敵生心。推厥罪原。政府雖有百喙。安能辭咎。是役之眞相。德名將漢納根論之蓋詳。其謂中國取敗之道有二總因。一曰無統帥。各省督撫。自保封疆。分而不合。此其一也。一曰無名將各師提鎮未諳韜略。愚而無謀此其二也。有此二端。斷難一戰。而原其流弊所極遂不得不咎其作法之涼壓制重重牽掣百出既鮮兎罝之心腹又慚祈父之爪牙且身居顯要之大員率皆闇於度勢昧於審時洵以軍情茫然不知所對割地喪師爲天下笑未戰之先固已料其創敗矣昔者中法和議既成之後中國乃憬然有賊去關門之慮爲亡羊補牢之圖于是創設海軍衙門議論宏偉綱擧目張日本聞而大震乃大開議院集議對付之法議長之言曰中國向來武備不振。今法越戰役方畢。乃蹶然奮發。設立海軍。竊謂其未必能報法。特恐有事於東海。則日本首被其鋒。是不可以不亟圖所以禦之者也。於是群議蜂起。有謂宜聯中國爲援者。有謂援不足恃者。有謂宜大振海軍以先發制人者。有謂宜于各險要海口。堅築砲台以固守禦者。正紛議間。元老副島種臣乃排衆而談曰。諸君且勿嘩。其各減默靜老聽朽之一言。諸君所論。非不忠于國。切于事。有益於武備。然必謂中國海軍之可慮則實不足以知中國也。蓋中國之積習往往有可行之法而絕無行法之人有絕妙之言而斷無踐言之事。今因中法之役。水軍灰燼故自視懷慚於是奏設海軍衙門張皇其詞脫胎西法訂立章程無微不至如是而中國海軍之能事畢矣彼止貪有其虛名豈能徵之實效又何曾有與我爭雄東海之志哉噫嘻。三復斯言。能無憤嘆。然不幸中日戰開彼言遂中至今吾國辦事諸公尚不能脫其言之範圍也此則吾人所爲撫膺扼腕者也夫中國辦事之大弊在於有名無實或有始無終他不具論。即以派遣學生出洋一節證之。可以推概其餘也。觀總署衙門昔遵旨議覆福建船政摺中有云。

(前路)查船政本有前後兩學堂。前學堂習法文學製造。後學堂習英文學駕駛。學成擇其尤爲聰穎者。派令出洋。在中國既學有根抵。再令游學各大學堂。及各國砲台兵輪。以資練習。廣見聞。此必非在廠一師教授之所能及。前據船政大臣。會同南北洋奏請設立肄業局。委派監督。帶同出洋。已歷三屆。所謂置之莊嶽之間也。日本現在執政大臣。多與我第一屆之出洋生。同堂肄業。豈中國學生資質盡出人下哉。蓋用之則奮發有爲。人人有自獻自靖之思。不用則日就穨落。人人有自暴自棄之境。聞船政學生學成回華。皆散處無事。飢寒所迫。甘爲人役。上焉者或被外國聘往辦事。其次亦多在各國領事署。及各洋行。充當繙譯。我才棄爲彼用。我用轉需彼才。揆諸養才用才之初心。似相刺謬。若以此而並廢出洋之舉。是因咽廢食。從此更難儲上品之才矣。應如該督所請。延至教習數人在廠督課。其尤爲異等者。仍照成案絡繹出洋。俾後出更新之法。不至絕無聞見。至學成回華之學生。如所造尚淺。仍令再行出洋。其業有心得者。應令分別有差無差。咨報臣衙門聽候調取考驗。咨送各督撫酌量位置。以昭激勸。（下畧）

夫僅就此章奏而論。非不切實可聽。而無如其與事實乃大相逕庭也。此可舉一而概百者也。當中國始遣百二十人詣美肄習工藝時。原議將來源源遣往。學成以備簡用。方擬擴充規模。兼收衆善。不意監督吳某以爲學生漸染洋習。堅請撤回。永行停止。事阻于獨斷。功敗垂于成。所謂千尋之坊。潰于蟻穴。以致我國學術物質。至今不振眞食肉寢皮不足以蔽其辜也夫以如此之政府當如此之艱危而欲倚之以跂富强奠國家于磐石之固是何異航斷港絕流而靳歸滄海耶雖蚩蚩下民可豢以朝三暮四之術其如環而伺者其覘國之力能洞見垣一方何耶果也虛形無質仆不崇朝其結果卒階甲午之禍外侮荐臻國亡無日愛智之倫蜷伏草野孰睹而深思之知陸沉之危岌岌也于是挾策陳書倡言變法救亡之道不終朝而靡天下勢所流行速于置郵其結果遂召戊戌之變而惜乎奇功之不成也此可爲之長太息者也緣此反動所生遂有庚子之役以天潢之尊作暴民之舉其影響所及俾吾國家喪亂人民愁苦日倍于前以私人之野心寖至使我四億同胞受其荼毒其惡浮于禽獸遠矣自是以後國事益牾䠊不可道然物極必反而人民之動機勃勃亦遂于是役胎焉于是言普及教育振興實業派遣游學者寖以紛紛矣壬癸之間民氣益以蘇活人人有披髮伊川之懼于是反覆推求家國衰孱之故乃益豁然于政府之罪之不可容也乃思傾覆而以人民代之然奔走呼號數年于此乃無毫釐効益之可見究其功績亦無多遜于政府者是亦有名無實之過也此則罪在人民者也今已由變教育而入于變政治時期其前途結果之如何雖未可知然語曰不知來視諸往此吾每一念及而不禁膚栗心寒者也雖然吾朝夕祈吾言之不中耳

(己完)

破惡聲論

迅行

本根剝喪神气旁皇華國將自槁於子孫之攻伐而舉天下無違言寂漠爲政天地閉矣狂蠱中於人心妄行者日昌熾進毒操刀若惟恐宗邦之不蚤崩裂而舉天下無違言寂漠爲政天地閉矣吾未絕大冀於方來則思聆知者之心聲而相觀其內曜內曜者破黮闇者也心聲者離僞詐者也人羣有是乃如雷霆發於孟春而百卉爲之萌動曙色東作深夜逝矣惟此亦不大衆之祈而屬望止一二士立之爲極俾衆瞻觀則人亦庶乎免淪沒望雖小陋顧亦留獨絃於槀梧仰孤星於秋昊也使其無是斯增欷爾夫外緣來會惟須彌泰嶽或不爲之搖此他有情不能無應然而厲風過竅驕湯薄河受其力者則咸起損益變易物性然也至於有生應乃愈著陽气方動元駒賁焉杪秋之至鳴蟲默焉蠉飛蝡動無不以外緣而異其情狀者則以生理然也若夫人類首出羣倫其遇外緣而生感動拒受者雖如他生然又有其特異神暢於春心凝於夏志沈於蕭索慮肅於伏藏情若遷於時矣顧時則有所迕拒天

時人事胥無足易其心誠於中而有言反其心者雖天下皆唱而不與之和其言也以充實而不可自已故也以光曜之發於心故也以波濤之作於腦故也是故其聲出而天下昭蘇力或偉於天物震人間世使之瞿然瞿然者向上之權輿已蓋惟聲發自心朕歸於我而人始自有己人各有己而羣之大覺近矣若其靡然合趣萬喙同鳴鳴又不揆諸心僅從人而發若機栝林籟也鳥聲也惡濁擾攘不若此也此其增悲蓋視寂漠且愈甚矣而今之中國則正一寂漠境哉乃者諸夏喪亂外寇乘之兵燹之下民救死不給美人墨面碩士則赴清冷之淵舊念猶存否於後人之胷雖不可度顧相觀外象則疲苶卷攣蟄伏而無動者固已久矣洎夫今茲大勢復變殊異之思諔詭之物漸漸入中國志士多危心亦相率赴歐墨欲采掇其文化而納之宗邦凡所浴顥气則新絕凡所遇思潮則新絕顧環流其營衛者則依然炎黃之血也榮華在中厄於肅殺嬰以外物勃焉怒生於是蘇古掇新精神閎徹自既大自我於無竟又復時返顧其舊鄉披厥心而成聲殷若雷霆之起物夢者自夢覺者是之則中國之人庶賴此數碩士而不殄滅國人之存者一中國斯侻生於是已雖然日

月逝矣而寂漠猶未央也上下求索閒其無人不自發中不見應外顓蒙默止若存若亡意者往之見戕賊者深因將長槁枯而不復菀與此則可爲墜心隕涕者也顧吾亦知難者則有辭矣殆謂十餘年來受侮旣甚人士因之漸漸出夢寐知云何爲國云何爲人急公好義之心萌獨立自存之志固言議波湧爲作日多外人之來游者莫不愕然驚中國維新之捷內地士夫則出接異域之文物傚其好尙語言峩冠短服而步乎大衢與西人一握爲笑無遜色也其居內而沐新思潮者亦胥爭提國人之耳厲聲而呼示以生存二十世紀之國民當作何狀而聆之者則蔑弗首肯盡力任事惟恐後且又日鼓舞之以報章間協助之以書籍中之文詞雖詰詘聱牙難於盡曉顧究亦輸入文明之利器也倘其革新武備振起工商則國之富强計日可待豫備時代者今之世事物胥變易矣苟起陳死人於壠中而示以狀且將脣驚乎今之論議經營無不勝於前古而自憾其身之蚤殞矣胡寂漠之云云也若如是則今之中國其正一擾攘世哉世之言何言人之事何事乎心聲也內曜也不可見也時勢旣遷活身之術隨變人慮凍餒則競趨於異途挈維新之衣用蔽其自私之體

爲匠者乃頌斧斤而謂國弱於農人之有耒耜事獵者則揚劍銃而曰民困於漁父之寶綱罟倘其游行歐土偏學製女子束腰道具之術以歸則再拜貞蟲而謂之文明且昌言不纖腰者爲野蠻矣顧使誠匠人誠獵師誠製束腰道具者斯猶善也試按其實乃並方術且非所喩靈府荒穢徒眩耀耳食以罔當時故縱唱者萬千和者億兆亦絕不足破人界之荒凉而鴆毒日投適益以速中國之隳敗則其增悲不較寂漠且愈甚與故今之所貴所望在有不和衆囂獨具我見之士洞矚幽隱評騭文明弗與妄惑者同其是非惟向所信是詣舉世譽之而不加勸舉世毀之而不加沮有從者則任其來假其投以笑傌使之孤立於世亦無慴也則庶幾燭幽暗以天光發國人之內曜人各有己不隨風波而中國亦以立今者古國勝民素爲吾志士所鄙夷不屑道者則咸入自覺之境矣披心而嗷其聲昭明精神發揚漸不爲强暴之力譎詐之術之所克制而中國獨何依然寂漠而無聲也豈其道茀不可行故碩士艱於出世抑以衆讙盈於人耳莫能聞淵深之心聲則寧緘口而無言耶嗟夫觀史實之所垂吾則知先路前驅而爲之闢啓廓清者固必先有其健者矣顧濁流茫洋

並健者亦以淪沒朧朧華土淒如荒原黃神嘯吟種性放失心聲內曜兩不可期已雖然事多失於自臧而一簣之投望則大於浹他士之造巨筏吾未絕大冀於方來則斯論之所由作也

聚今人之所張主理而察之假名之曰類則其爲類之大較二一曰汝其爲國民一曰汝其爲世界人前者懾以不如是則亡中國後者懾以不如是則畔文明尋其立意雖都無條貫主的而皆滅人之自我使之混然不敢自別異泯於大羣如掩諸色以晦黑假不隨駙乃即以大羣爲鞭箠攻擊迫拶俾之靡騁往者迫於仇則呼羣爲之援助苦於暴主則呼羣爲之撥除今之見制於大羣孰有寄之同情與故民中之有獨夫昉於今日以獨制衆者古而衆或反離以衆虐獨者今而不許其抵拒衆昌言自由而自由之蕉萃孤虛實莫甚焉人喪其我矣誰則呼之興起顧讙囂乃方昌狂而未有既也二類所言雖或若反特其滅裂个性也大同總計言議而舉其大端則甲之說曰破迷信也崇侵畧也盡義務也乙之說曰同文字也棄祖國也尙齊一也非然者將不足生存於二十世紀至所持爲堅盾以自衛者則有科學有適用之

事有進化有文明其言尙矣若不可以易特於科學何物適用何事進化之狀奈何文明之誼何解乃獨函胡而不與之明言甚或操利矛以自陷嗟夫根本且動搖矣其柯葉又何佹焉豈誠其隨波弟靡莫能自主則姑從于唱喁以熒惑人抑亦自知其小陋時爲飮啖計不得不假此面具以釣名聲於天下耶名聲得而腹腴矣奈他人之見戕賊何故病中國今日之擾攘者則患志士英雄之多而患人之少志士英雄非不祥也顧蒙幗面而不能白心則神氣惡濁每感人而令之病奧古斯丁也託尒斯泰也約翰盧騷也偉哉其自懺之書心聲之洋溢者也若其本無有物徒附麗是宗輙岸然曰善國善天下則吾願先聞其白心使其羞白心於人前則不若伏藏其論議邉滌穢惡俾衆清明容性解之竺生以起人之內曜如是而後人生之意義庶幾明而箇性亦不至沈淪於濁水乎顧志士英雄不肯也則惟解析其言用曉其張主之非是而已矣

破迷信者於今爲烈不特時騰沸於士人之口且裒然成巨帙矣顧胥不先語人以正信正信不立又烏從比校而知其迷妄也夫人在兩間若知識混沌思慮簡陋斯

無論已。倘其不安物質之生活則自必有形上之需求故吠陀之民。見夫淒風烈雨。黑雲如盤。奔電時作。則以爲因陀羅與敵鬪。爲之栗然生虔敬念。希伯來之民大觀天然。懷不思議。則神來之事與接神之術興。後之宗教即以萌孽。雖中國志士謂之迷。而吾則謂此乃向上之民欲離是有限相對之現世以趣無限絕對之至上者也。人心必有所馮依。非信無以立。宗教之作不可已矣。顧吾中國則夙以普崇萬物爲文化本根。敬天禮地。實與法式。發育張大。整然不紊。覆載爲之首。而次及於萬彙。凡一切睿知義理與邦國家族之制。無不據是爲始基焉。效果所著大莫可名。以是而不輕舊鄉。以是而不生階級。他若雖一卉木竹石。視之均函有神閟性靈玄義在中。不同凡品。其所崇愛之溥博。世未見有其匹也。顧民生多艱。是性日薄。洎夫今乃僅能見諸古人之記錄與氣禀未失之農人。求之於士大夫。戛戛乎難得矣。設有人謂中國人之所崇拜者。不在無形而在實體。不在一宰而在百昌。斯其信崇即爲迷妄。則敢問無形一主。何以獨爲正神。宗教由來本向上之民所自建。縱對象有多一虛實之別。而足充人心向上之需要則同。然顧瞻百昌。審諦萬物。若無不有靈覺妙義焉此即詩詞也即美妙也今世冥通神閟之士之所歸也而中國已於四千載前有之矣斥此謂之迷則正信爲物將奈何矣蓋澆季士夫精神窒塞惟膚薄之功利是尙軀殼雖存靈覺且失於是昧人生有趣神閟之事天物羅列不關其心自惟爲稻粱折腰則執己律人以他人有信仰爲大怪舉喪師辱國之罪悉以歸之造作讆言必盡顚其隱依乃快不悟墟社稷毀家廟者徵之歷史正多無信仰之士人而鄉曲小民無與僞士當去迷信可存今日之急也若夫自謂其言之尤光大者則有奉科學爲圭臬之輩稍耳物質之說即曰燐元素之一也不爲鬼火略翻生理之書即曰人體細胞所合成也安有靈魂知識未能周而輒欲以所拾質力雜說之至淺而多謬者解釋萬事不思事理神閟變化決不爲理科入門一册之所範圍依此攻彼不亦傎乎夫欲以科學爲宗教者歐西則固有人矣德之學者黑格爾研究官品終立一元之說其於宗教則謂當別立理性之神祠以奉十九世紀三位一體之眞者三位云何誠善美也顧仍奉行儀式俾人易知執着現世而求精進至尼佉氏則刺取達爾文進化之說掊擊景教別說超人雖云據科學爲根而宗教與幻想之臭味不

脫。則其張主特爲易信仰。而非滅信仰昭然矣。顧迄今茲。猶不昌大。蓋以科學所底。不極精深。揭是以招衆生。聆之者則未能滿志。惟首唱之士。其思慮學術志行。大都博大淵邃。勇猛堅貞。縱迕時人不懼。才士也夫。觀於此。則惟酒食是儀。他無執持而妄欲奪人之崇信者。雖有元素細胞爲之甲胄。顧其違妄而無當於事理。已可弗繁言而解矣。吾不知耳其論者。何尙頂禮而讚頌之也。雖然。前此所陳。則猶其上爾。更數汙下。乃有以毀伽蘭爲專務者。國民旣覺。學事當興。而志士多貧窮。富人則往往吝嗇。救國不可緩。計惟有占祠廟以教子弟。於是先破迷信。次乃毀擊象偶。自爲其酋。聘一教師。使總一切。而學校立。大佛教崇高。凡有識者所同可。何怨於震旦。而汲汲滅其法。若謂無功於民。則當先自省民德之墮落。欲與挽救。方昌大之不暇。胡毀裂也。況學校之在中國。乃何狀乎。教師常寡學。雖西學之膚淺者不憭。徒作新態。用惑亂人。講古史則有黃帝之伐某尤國。字且不周識矣。言地理則云地球常破。顧亦可以修復。大地實體與地球模型且不能判矣。學生得此。則以增驕。自命中國楨幹未治一事。而兀傲過於開國元老。顧志操特卑下。所希僅在科名。賴以立將來之中國岌岌哉邇來桑門雖衰退然校諸學生其清淨遠矣若在南方。乃更有一意於禁止賽會之志士。農人耕稼歲幾無休時。遞得餘閒則有報賽舉酒自勞。潔牲酬神。精神體質兩愉悅也號志士者起。乃謂鄉人事此足以喪財費時。奔走號呼力施遏止。而鉤其財帛爲公用。嗟夫自未破迷信以來生財之道。固未有捷於此者矣。夫使人元氣黮濁性如沈垽或靈明已虧。淪溺嗜欲。斯已耳。倘其樸素之民厥心純白則勞作終歲必求一揚其精神故農則年答大戩於天自亦蒙庥而大酺稍息心體備更服勞今並此而止之是使學軛下之牛馬也人不能堪必別有所以發洩者矣況乎自慰之事他人不當犯干詩人朗詠以寫心雖暴主不相犯也舞人屈申以舒體雖暴主不相犯也農人之慰而志士犯之則志士之禍烈於暴主遠矣亂之上也治之下也至於細流乃尚萬別。舉其大略。首有嘲神話者總希臘埃及印度咸與誹笑謂足作解頤之具。夫神話之作。本於古民覩天物之奇觚則逞神思而施以人化想出古異。諔詭可觀。雖信之失當。而嘲之則大惑也。太古之民神思如是。爲後人者當若何驚異瑰大之。矧歐西藝文多蒙其澤。思想文術賴是而莊嚴美妙者不知幾何。倘欲究西國人文治此則其首事。蓋不知神話。即莫由解其藝文。暗藝文者。於內部文明何獲焉若謂埃及以迷信亡。舉彼上古文明。胥加訶斥則竪子之見古今之別且不能知者雖一哂可斬之矣復次乃有籍口科學懷疑於中國古然之神龍者。按其由來實在拾外人之餘唾。彼徒除利力而外無蘊於中見中國式微。則雖一石一華。亦加輕薄。於是吹索抉剔以動物學之定理斷神龍爲必無。夫龍之爲物本吾古民神思所創造。例以動物學則既自白其愚矣而華土同人販此又何爲者。抑國民有是非特無足媿恧已也神思美富益可自揚古則有印度希臘。近之則東歐與北歐諸邦。神話古傳以至神物重言之豐他國莫與並而民性亦瑰奇淵雅甲天下焉。吾未見其爲世詬病也。惟不能自造神話神物而販諸殊方則念古民神思之窮有足媿尒。嗟乎。龍爲國徽而加之謗舊物將不存於世矣顧俄羅斯枳首之鷹英吉利人立之獸獨不蒙垢者則以國勢異也科學爲之被利力實其心若爾人者其可與莊語乎。直唾之耳。且今者更將創天下古今未聞之事。定宗教以強中國人之信奉矣。心奪於人。信不繇已。然此破迷信之志士。則正敕定正信教宗之健僕哉。

崇侵略者類有機獸性其上也最有奴子性中國志士何隷乎夫古民惟羣後乃成國分畫疆界生長於斯使其用天之宜食地之利籍自力以善生事輯睦而不相攻此蓋至善亦非不能也人類顧由坊乃在微生自蟲徂虎豹猿狖以至今日古性伏中時復顯露於是有嗜殺戮侵略之事奪土地子女玉帛以厭野心而間恤人言則造作諸美名以自蓋歷時既久入人者深衆遂漸不知所由來性偕習而俱變雖哲人碩士染穢惡焉如俄羅斯什赫諸邦夙有一切斯拉夫主義居高位者抱而動定惟不溥及農人間顧思士詩人則薰染於心雖瑰意鴻思不能滌其所謂愛國大都不以藝文思理足爲人類榮華者是尙惟援甲兵劍戟之精銳獲地殺人之衆多喋喋爲宗國暉光至於近世則知別有天識在人虎狼之行非其首事而此風爲稍殺特在下士未能脫也識者有憂之於是惡兵如蛇蝎而大呼平和於人間其聲亦震心曲豫言者託爾斯多其一也其言謂人生之至可貴者莫如自食力而生活侵掠攻奪足爲大禁下民無不樂平和而在上者乃愛喋血毆之出戰喪人民元於是家室不完無庇者徧全國民失其所政家之罪也何以藥之莫如不奉命令出征而士

不集仍秉耒耜而耕熙熙也令捕治而吏不集亦仍秉耒耜而耕熙熙也獨夫孤立於上而臣僕不聽命於下則天下治矣然平議以爲非是載使全俄朝如是敵軍則可以夕至民朝棄戈矛於足次迨夕則失其土田流離散亡烈於前此故其所言爲理想誠善而見諸事實乃佛戾初志遠矣第此猶曰僅揆之利害之言也察人類之不齊亦當悟斯言之非至夫人歷進化之道除其度則大有差等或留蛆蟲性或猿狙性縱越萬祀不能大同即同矣見一異者而全羣之治立敗民性柔和旣如乳羔則一狼入其牧場能殺之使無遺子及是時而求保障悔遲莫矣是故嗜殺剹攻奪思廓其國威於天下者獸性之愛國也人欲超禽蟲則不當慕其思顧戰爭絕迹平和永存乃又須遲之人類滅盡大地崩離以後則甲兵之壽蓋又與人類同終始者已然此特所以自扞衛辟虎狼也不假之爲爪牙以殘食世之小弱令兵爲人用而不强人爲兵奴人知此義乃庶可與語武事而不至爲兩間大厲也與雖然察我中國則世之論者殆皆非也云愛國者有人崇武士者有人而其志特甚獷野託體文化口則作肉攫之鳴假使傅以爪牙若餘勇猶可以蹂躪大地此其爲性獰暴甚矣

顧亦不可謚之獸性何以言之曰誠於中而外見者得二事焉獸性愛國者之所無也二事云何則一曰崇强國次曰侮勝民蓋獸性愛國之士必生於强大之邦勢力盛强威足以凌天下則孤尊自國蔑視異方執進化留良之言攻小弱以逞欲非混一寰宇異種悉爲其臣僕不慊也然中國則何如國矣民樂耕稼輕去其鄉上而好遠功在野者輒怨懟凡所自詡乃在文明之光華美大而不藉暴力以凌四夷寶愛平和天下尟有惟晏安長久防衞日弛虎狼突來民乃塗炭第此非吾民罪也惡喋血惡殺人不忍別離安於勞作人之性則如是倘使舉天下之習同中國猶託尒斯多之所言則大地之上雖種族繁多邦國殊別而此疆爾界執守不相侵歷萬世無亂離焉可也獸性者起而平和之民始大駭日夕岌岌若不能存苟不斥去之固無以自生活然此亦惟驅之適舊鄉而不自反於獸性況其戴牙角以戕賊小弱孤露者乎而吾志士弗念也舉世滔滔頌美侵略暴俄强德向往之如慕樂園至受厄無告如印度波蘭之民則以冰寒之言嘲其隕落夫吾華土之苦於强暴亦已久矣未至陳尸鷙鳥先集喪地不足益以金資而人亦爲之寒餓野死而今而後所當有利

兵堅盾環衛其身毋俾封豕長蛇荐食上國然此則所以自衛而已非傚侵略者之行非將以侵略人也不尙侵畧者何曰反諸己也獸性者之敵也至於波蘭印度乃華士同病之邦矣波蘭雖素不相往來顧其民多情愫愛自繇凡人之有情愫寶自繇者胥愛其國爲二事徵象蓋人不樂爲皁隸則孰能不眷慕悲悼之印度則交通自古貽我大祥思想信仰道德藝文無不蒙貺雖兄弟眷屬何以加之使二國而危者吾當爲之抑鬱二國而隕吾當爲之號咷無禍則上禱于天俾與吾華士同其無極今志士奈何獨不念之謂自取其殃而加之謗豈其屢蒙兵火久匍伏於强暴者之足下則舊性失同情漓靈臺之中滿以勢利因迷謬亡識而爲此與故總度今日佳兵之士自屈於强暴久因漸成奴子之性忘本來而崇侵畧者最下人云亦云不持自見者上也間亦有不隸二類而偶反其未爲人類前之性者吾嘗一二見於詩謌其大旨在援德皇威廉二世黃禍之說以自豪厲聲而嗥欲燬倫敦而覆羅馬巴黎一地則以供淫游焉唱黃禍者雖擬黃人以獸顧其烈則未至於此矣今玆敢告華士壯者曰勇健有力果毅不怯鬪固人生宜有事特此則以自臧而非用以搏噬

無辜之國使其自樹既固有餘勇焉則當如波蘭武士貝讀之輔匈加利英吉利詩人裴倫之助希臘爲自繇張其元氣顚仆壓制去諸兩間凡有危邦咸與扶掖先起友國次及其他令人間世自繇具足眈眈皙種失其臣奴則黃禍始以實現若夫今日其可收豔羨强暴之心而說自衛之要矣烏乎吾華土亦一受侵略之國也而不自省也乎（未完）

對內對外有激烈的解決無和平的解決之鐵證

南俠

自法儒盧梭氏倡言人民主權說而歐洲革命之風潮因之日急浸假輸入於東亞而激動全球之殺機於是解決其對內對外之問題未有不出於激烈者豈人生本嗜殺者歟抑處於專制魔王之下異族虎視之秋欲求自由平等之幸福有不得不出於此歟且世界極不自由之國民莫如專制國極不平等之國民莫如君主國何者專制之魔王挾詭詐以愚黔首穿錯舊儒之說以伸九五之尊國民之生命也財產也不獨無術以保全之且必剝削之而使之化爲灰燼一旦邊疆告警驅不教之民以使之戰至驅之不得遂假和戎之說以粉飾太平割地也則棄民如土芥賠欵也則多方以聚歛甚至利用外界之風潮以充宮中之私用而倍臣豎子亦且藉以中飽其私囊反動一起即桁楊相對專制之郊野未有不白骨纍纍者不自由之禍亦烈矣哉於是浮薄趨時之士非不知禍患之在於眉睫而才疏識淺遂於假和平

解決之術以奔走呼號甚且利用團體之蠢集以爲一身之功名富貴計無論根本不固不足以成功即奴性馴良不惜痛哭流涕以博虐主之一動則又有甚於以暴易暴者矣蓋立憲君主之國家假法律之迷信以桎梏其愚夫假條約之空文以粉飾於天下權利也則享皇室萬世一統之系義務也則謀子孫萬世一統之安人民有納稅之義務而無言論之自由有服從之責任而無平等之幸福非無文明之形式而實黑黯之地窟束縛之馳驟之必駁奪其自由平等之權而後快試觀君主立憲國之囹圄中彼躋躋者非盡青年愛國之好男兒也耶當此之時國力充足猶可以圖存譬如爨火於積薪之下而寢處其上深以爲安者是也一旦國勢空虛眞情畢露國民之氣既挫折而無餘雖有一一愛國之流起而圖補救之術而江河既晚徒作故宮禾黍之悲見夫猶太人之散失而學術之空垂汙未嘗不發背沾衣也以視乎共和的國家其相去又奚可以道里計耶且夫天之賦人以權也無貴賤無尊卑無男女一也有生之初固皆一一孤立則人與人相對如水平線然固無纖微之高低也既無高低則自由行動之權當不受他人之壓制故盧氏曰保持己之自

由權是人生一大責任也凡號稱爲人則不可不盡此責任耳蓋盧氏之意所謂盡其責任者乃自立於世以競生存之責任非役於人而盡其責任也況自由之權又道德之本也盡其自由權之責任非道德上之自由歟盧氏又曰我擧吾身以與他人他人亦擧其身以與我如是而成邦國蓋盧氏之意以爲邦國者本由民與君相共結契約而起者也而此契約所起之原因洵以人類之强弱智愚之不齊不得無此代表代表者以代表人人之自由權而尊爲代表者也大抵事實之不能平等者在乎天然之智愚强弱是也道德之平等者由乎法律條欵所生之義理是也爲智愚不齊之故則有代表爲全體同意之故則有法律是故代表者人民之公僕也法律者人民之公意也人人皆有主權而不在於一人之手此盧氏之主張公意而世界遂有共和之政體也雖然一般專制國君主國異族也强鄰也方汲汲不已以與人民力爭自由權於是國民之起遂東西相應或施之於武器或見之於暗殺種種激烈之手段不惜前扑而後起卒之恢復自由權以進國爲共和者比比是也吾祖國受專之毒深矣異族之欺淩慣矣乃吾民猶有喪心病狂之徒放棄自由

平等之責任其對內也恃一紙之請願書其對外也恃數次之條約文何其不知自愛亦至如此耶吾誠有悲乎故特引別各國解決之鐵證於左爲吾最親愛之同胞痛哭流涕以道之

以言對內之解決也英王查理士第一嘗專制自橫矣當千六百二十八年因人民之權利請願遂批準與民以權乃遲之十一年之久不開國會由是人民大憤樹黨獨立遂捕國王作高等法院審議其罪以暴君國賊之名宣告死刑查理士第一之上斷頭台以公布共和之政治者則克林威爾之力也法王路易十六亦嘗彌縫補苴矣當千七百九十二年盡罷其誤國之舊臣而代之以名黨組織政府然而中道而廢不速與人民以權卒至幽帝囚后貴族駢首保守黨如星離雨散以演成最激烈之革命者則孟德斯鳩福祿特爾及盧梭等倡之羅蘭夫人等行之拿破崙成之者也至於俄皇亞力山大固嘗自命爲一世之雄者也一千八百六十一年下詔放奴隸越三年間開地方議會令民選舉議員又改司法制度然不過空假立憲之名詞以實行專制之手段虛無黨豪傑起而刺死其王一般志士之苦心終以傾倒

政府爲目的雖其志尙未成而刺王殺相之擧已時有所聞俄之在政府者已如風聲鶴淚草木皆兵之槪噫亦足奪專制魔王之魄矣若夫專制之政府則莫如日本明治以前無論矣明治維新之始藩王之專恣權臣之中梗則爲東亞未有之惡劇者乃西鄉隆盛振背一呼始而傾幕矣旣而刺大久保通利矣其殺身成仁而未能達其共和之目的以至君主政體之實行者則未始非坂垣退助大隈重信之咎也而使萬衆一心以求達其共和之目的必非難事耳然而以君主自雄猶得致戰勝之事者殆代表者之非異族而其爲代表者又能稍假人民以權也雖然如和庸廣中輩之絕對鼓吹則已動共和之機矣他如葡萄牙之刺王父子摩洛哥之逐王土耳其之排舊黨一般國民皆游刄有餘任意以肆行其暴亂之手段而卒成其志甚矣殺機之不可揭也噫我祖國果如何之現象乎社屋猢狸銅駝荊棘數百年之黑黯誠足令人寒心乃數年來志士之流血萬民之請命不及吳越二炸彈徐錫林一手鎗之影響何也蓋世界無和平解決之公理而對乎專制之手段非出乎此不可耳在野豪傑尙有人乎何爲遲遲吾行耶

以言乎對外之解決也自羅馬皇帝與羅馬敎皇分司全歐之人民軀殼靈魂爲兩界於是歐洲全境遂成黑黯之鄉矣迄馬丁路得獨立一呼而自由之權遂不落於外族之手耳荷蘭之受制於西班牙也血戰四十年始得脫强敵之軛而樹自由獨立之旗西班牙佛蘭西瑞典日耳曼丁抹諸國之附相牽制也連兵不止始定新舊敎同享平等之利權華盛頓起於美公布獨立宣言書於天下且殖民地十三州誓曰相結而爲合衆國永遠不替盟於是自由國旗一飜約克市一戰遂降英將哥瓦利而英法波普西蘭諸國亦不能不承認爲獨立矣拿破崙起於法始也注意於澳繼也注意於英終則注意於俄奧馬連峨之捷墺斯的之戰轟轟烈烈亦足寒强敵之心各國亦不能不承認其占領歐洲大陸之地而爲共和國之成立縱其末路戰敗於黑斯科而國勢已振羣雄亦疲其能免瓜分之禍者誰之力歟奧王腓的南第五嘗用術以籠匈加利矣一千八百四十八年許匈自治且予以自立政府之權乃未幾而悔之於是愚弄匈民使其同種相持如蟜蚌此奧王折服匈人之一法門也國會舊例惟許用拉丁語演說此又奧王壓制匈人之一法門也乃匈人噶蘇士倡

立志之說（噶蘇士常語人曰大丈夫志一立何事不可成）河伯埃倡愛國之談（河伯埃曰公等無悲焉奮其愛國之心以鑄造他日光榮赫變之新匈牙利又豈難也）威克林男倡公敵之論（威克林男曰推奧王反抗我提議各件之意非以我所愛之匈加利永世爲其奴隸國而不止也奧王實匈加利之公敵也）此之數語遂激動全匈之民耳自斯而後倡和不休遂鼓成革命之結果而宣告獨立矣意大利之諸侯王嘗以立憲欺民矣迫於一時之無可奈何而究無實行之思想公敵之壓制遂交迫而來數十年間民之受外界之影響者已不可思議迄撒的尼亞之四傑起倡言獨立之說始獲驅外寇而削諸王噫亦偉矣哉他如波西與英戰而亡其國非律賓與美戰而喪其族殆其國勢甚弱雖不戰亦將滅亡不如與國俱亡猶不至爲他種役爲牛馬語曰不自由毋寧死旨哉言乎豈欺我哉立於亞細亞洲面積之長延袤萬里爲獨一無二之河山者非我祖國乎其割讓與外人者不知幾萬里此固儘人知之鄙人亦不必嘵舌者至於未來之割與又不知幾萬里美麗河山當盡爲異族之蹂躪亡國滅種之禍有不旋踵者則不能不爲我最親愛之同胞痛哭

以言之也楊子江之流域已爲英人之勢力範圍雲南四川久落法人之掌握俄人之經營西藏日人之肆志於閩中一旦政策實行凡我漢族欲於神洲求尺寸立足地豈復可得危莫危如此矣雖然使吾民陷於如此之悲境不得仰首伸眉者果誰實爲之戾階耶嗚乎非此冥頑不靈專制之政府也耶

且夫豪暴並興其野心之所肆如狠子如蜂蠆如火之燎於原有不可向爾者是故不可以情感不可以理喻不可以術餌不可以德懷惟養吾氣盡吾力以滅此而朝食之一途耳蓋奢侈之欲望一開而殺機即隱爲之鼓動使彼也其欲逐逐而我也其性攸攸則彼方將食我之肉而寢處其皮以遂其欲望其影響之速殆有如生龍活虎之不可提拿者夫惟以欲相角以氣相鼓盪以生死競存亡以個人血氣之澎漲而振團體之精神則曲直自在人心而成敗自有公理此誠對內對外惟一之手段而爲天演中一大優劣之競爭也雖然兆禍必有其始治病必治其根個人之放棄其主權遂釀成政府之大欲內國失其平等之資格遂啓外族覬覦之心古今豪傑起而濟變下手方針恒先於治內是以處於專制之下不惜生命以與之相爭

事而濟也强敵亦將自斂其席卷之心事而不濟也外人亦且怖其餘威而不敢遽滅其國華盛頓拿破崙之前事不可爲世界之鐵證乎吾嘗讀史公傳知燕趙間慷慨激昂之士心窃向往之乃何以吾祖國受此專制之毒不減於暴秦曾不聞燕趙間豪傑奮張良博浪之錐揮荆卿秦廷之刄豈無其人歟意者或隱其名而不彰歟時乎時乎不再來世有豪傑可以出矣或有說於余曰中國之內患固深而外患亦烈使不能堅忍以求濟而爲是破壞之謀有一搖手舉足外人即從而干涉之以此衰隤之國家不滅亦將衰隤而不振耳噫是說也當誤盡天下之蒼生而斷送我祖國也夫外國之經營我國也行教也營商也至於土地亦可得則得不可得則已耳使吾民之起振動全體之精神確守文明之規則毋侵彼宗教毋奪彼財產毋傷彼生命彼亦必默認其獨立而不與我爲難即或羣起而與吾民相角吾亦惟國存與存國亡與亡而圖一最後之決戰尙不至遺綿綿不盡之恨耳況乎決不至於如此也摩洛譌國民軍之獨立佛且承認之非律賓戰敗之餘美且許其三十年後之獨立各國不可信而可信者憑此公理是奚可懼其干涉而阻吾民自由之行動

耶且夫十八省形勢之天然不下於南美之十三洲也大河南北長江東西土地之肥饒糧餉之充足魚業之利益不減于英倫之三島也北民之豪而儉南民之健而直不薄於西歐之重愛戀也向使利用民心同心合德則衆志可以成城而獨立之基礎已固從此宣告獨立還我河山共和政體之實行當不弱於歐美吾知歐美雖智亦不能不承認我國完全之獨立矣是故勃牙利一小國耳憤於政府之專制羣起而倡言獨立卒之戰勝政府各國亦不敢施其干涉之謀以絕大無二之中原豈一蕞爾小國之不若哉或又說於說余曰與其激烈以蹈俄國之故轍不若和平以收日本之結果浸之潤之不能由君主立憲以變爲共和耶吾曰不然夫百足之蟲死而不僵扶之者衆也今日之野蠻政府擁距吾民之上深以爲自得者此誰實扶之耶吾故曰吾民之爲奴隸非政府役之實吾民甘爲奴隸而爲政府役甚且以奴隸於己而恬不爲怪莊子云哀莫大如心死而身死以之旨哉言乎非爲吾民今日撮一小照耶雖然心死者已不足恤而未死者則殊可悲統籌全局而計之其心尚有

生氣者當居其大多數使自脫其奴隸之範圍而醉心自由獨立之幸福傾倒政府指顧間事也彼少數者雖智吾知其如摧枯振槁而不能與我角也豪傑之行事也生死不足動其心禍福不足昏其智行動不求速效而容不敢遲疑以失時後變雖不可知而究不敢遺後人之慮人任其逸已勝其勞人味其甘已嗜其苦非爲是矯柔造作也蓋不如是不足以濟變耳是故共和之政治人非不思慕之自有此立憲君主之捷經遂油然舍難而就易此豈所謂豪傑之士哉大抵改解之初必淸其根本爲第一要義立憲君主政體其分子已雜禍患之無窮余前已論之矣數紀而後此種政體當不能存在於世界間使欲籍此而爲變入共和之捷經吾未見其能達其目的也洵以君主政體之成立實爲摧折自由之惡劑世之學者欲假此以爲名高卒之窮年汽汽反爲世搆病後起而無人也則作法不良且爲禍首後起而有人也改革之事其艱難困苦方且十倍於前生今之世爲今之人與其作法不良不若老死空山之爲愈此吾之所以爲未死心者悲莫大乎此也且天下艱鉅之任盡人而責之吾亦不如是之無情但自由平等之權則盡人分內之事使對於此種之權

利而不放棄其責任則恢復之日或者可期耳蓋爲天下發大難成大初則豪傑之士優爲之中國地大物博深山大澤實生龍蛇異日光復舊物爲神洲撞自由鐘自有人出也至於持匕首握炸彈甘心一擊不中副車則苦心孤義舍豪俠之士非異人任下至綠林生涯有足多者使洗磨其野蠻之心亦可引入於文明之域古豪傑之成大事何嘗不收羅盜賊也若夫富於思想長於文辭一介之新聞記者亦足以鼓吹全球即隱於下位木鐸諸生足宏其敎育以培固其根本其影響之所及當更大也至於懷不可言之苦衷以實行其不測之手段則宜忘其功名富貴之心而徐觀其後效君子亦不恝然拒之耳嗟乎人生自由之權實在於我非假自於人亦非可爲人役固完全一獨立之性質也吾嘗論主權之喪失非人奪之實自棄之中途翻然悔悟有志者未有不成功觀乎十九世紀前之西歐血流大海氣貫白虹父母妻子不敢用其愛天地鬼神亦爲生愁而豪士壯夫方前者仆而後者踵熱血澎漲而未有已者非以此主權爲最珍貴之物也耶燦哉自由花吾不知何時可以開偏於亞洲也噫吾最親愛之同胞是亦可以發其深醒矣

第八期

傳記

烈士程毅小傳

鈞灼

烈士程毅。字翹軒。河南修武縣人。少佺爽。有氣。家居弗克羈勒。赴汴肄業高等學堂。既厭其腐敗。適天津旅學北五省師範學堂。年餘。忽同友人□□。自斬其辮。諸堂執事怒爲不保國粹。罰退學。於是浮海抵滬。改入中國公學。浩氣乃益振。睨彼藉事遊食之流。曾不屑嗤之以鼻。然胸懷純正主義。知己寥寥。不克傾吐。終日嗄啞作聲。而秋競女子。因女報事。適來滬。求俠助。烈士慨然赴譚。誠摯出於天性。秋競女士因告以此來爲胡□□志士。有秘密之運動。烈士乃自任往津事。聯絡雖無大效。然刷厲不少懈也。比反。秋競女士及他志士。歎爲勇。薦充紹興某學堂體操教員。歷月。而秋競女士、因徐錫麟革命案、被逮。辭連烈士。亦被拿就獄。自分必死。絕無推弄詞。遂定監禁。年許。友人董□□、魯□□、往視其病。形槁黃。膝骨排裂。周身露肌。奄血十餘處。

二君知其臨刑苦忍爲之泣墮如縻烈士恐左右監視誣及二君遺詞令二君往約以明日再晤閱宿天方曉則傳言烈士屍已拖出董魯二君大驚急馳視已非復昨日病態矣掇泣收殮移置某山麓廟中今煢然尙在也

循史曰程烈士死事余於報紙窺其約略感而爲之泣嗣經滬從陳□□君、又詢其生平知烈士志彊人也宜不肯弱於進取者然年少及難素無論述無所據以發其志以故革命黨員皆有表彰在人耳目烈士獨幽光弗闡雖革命黨員不以死事要名然倡率者著烈則後起者孳衆矧中州士民志氣弱於他省尤不可不爲建一革命赤幟也爰纂記所聞以爲之傳嗟乎程烈士之見諸實行者雖止此而已然覽者或不如余之感泣慮無其人矣乃有與烈士生近里長同學烈士在時又素通音問逮死後畏其餘禍及已而迄不肯爲之置一辭清夜致思其亦內愧否也然若輩旣明且哲宜其飾詞自遁曰我與程某宗旨不同云爾

譯述

東西思想之差異暨其融和

鴻飛

此篇爲日人所著宋學概論中之一節。窅義鴻識。洵堪敬服。惟其間章法雜糅。文理隱晦。若令順筆直譯。恆多不可索解之處。且作者係日人口吻。於該國古史事跡。現行法制。多所徵引。輸入中國。甚爲不倫。譯者遇此。概從刪削。更易之爲我國人口氣。庶使覽者易生接觸。又原文於中國學術。不甚明晰。誤謬之點。所見蓋多。酌易之處。亦復不尠。惟閎綱鉅領。悉仍原作。自我增益。什之三四。特不過使之流暢。便於覽閱。妄改他人。外匪吾意。讀者諒焉。

人類競爭原屬自然。雖家庭之間。容或有不免之勢。況以東西洋隔閡之情。種族差異之趣。欲無衝突。其可得乎。夫同此宇內之文明。同此人類之思想。則其所發表而實行者當亦無不相同矣然其疏遠隔絕如參與商乃至互相用武而不相善此固徵之歷史猶歷歷可證其事者其在於古則自波斯希臘戰爭之後彼有十字軍之遠征我有撒拉斯帝國之建立苟無沙爾馬的爾其人者恐半月旗之旗影已踰比利牛山脈以東而長懸於歐洲中原矣至厥後以成吉思汗帖木兒之雄圖大略遠逐白人於域外爲蒙古人種吐萬丈之氣焰迄今讀萬國史追想當時俯仰顧盼抑尤有足以自豪者然及近世亞洲大勢寖以衰微印度緬甸已隸英人安南全國悉歸法領而我國之運亦岌岌乎不可以終日哀哀黃人盡受白種之吞肆凋殘如斯慘何可言嗚呼彼物理學所謂『動與反動互相均一』之原則於人事之現象亦將仿佛見之耶

政治波瀾之動搖其震撼於東西者既已如是矣今更轉而考精神交涉之經過夫希臘哲學之上果留印度思想之痕跡乎阿拉伯之文明果如何而風化西歐乎斯則文獻無徵其詳亦不可得而言矣然至明季若利瑪竇儒艾略等之於我國東西思想暫時接近餘若廓爾布等之探究印度文明馬希拉之於東方聖書於西人之

影響固有赫赫照人耳目者蓋地之相去數千里時之相距數千年茫茫宇宙間生此二大潮流纏綿綜錯以織成一段之文物此實造物之妙技讀史者所最宜關心者也要之東洋昔時常立於先進之地位有攻擊的態度而西洋昔時似在防禦的地位其文物制度猶非可同日而語故中國當堯之時雖土階三尺茅茨不翦發達建築之制似未發達然乃其君儉約所至非當日工作之未進化也今讀古文尚書觀政治的機關已具教育之曙光已劈野蠻之暗霧此固彰彰可見者若求當時之西史則固漠焉無聞龍動之花巴黎之月果誰咏之果誰知之他如火藥之製造印刷磁石之發明亦未始非蘇哇爾俄典保日阿野等之先導東洋文明亦可見也然入近世史以來主客易位狀態忽更我常立於被動的退守之地位彼常有能動的急進之態度而形上形下之教皆有非常之懸隔試取最近歷史讀之印度安南無論矣即所謂世界之屋脊如彼帕密爾高原者已久爲英俄之爭點而該地土人蒙蒙蚩蚩更反野蠻之習慣而不醒與言及此能勿憮然太息乎

我國數年以來競言仿效西方之文明矣政治上不必言即就精神上一方面言之

其得力於彼者固多而盲從於彼者亦不少例如盧梭之民約說此最合於我國之現勢者也而趨炎附勢者乃反妄爲反對之基督敎之唯神論此最不宜於我國之歷史者也而好奇立異之士乃更出而提暢之其他若英美之功利主義與我國之道德社交多所衝突德國之國家主義與我國之種族問題無所適合或當採擇或當吐棄得失之間最宜辨別餘如達爾文黑智爾等之進化論馬爾斯弗拉爾等之社會主義皆有長短精麤之之雜出參差高下之互見去取之間斷非可惟是盲從者然要非碻審東西思想之大勢力則去取之適當亦未可以語此也今特先述東西思想之差異以爲我同胞抉長補短之方也

末述其可以融和之點以爲我同胞歸宗入正之術勿豔他人亦勿薄他人勿尊自已亦勿毀自已調和折衷是所望於我同胞耳玆先言差異之點

(一)曰東洋之思想爲宗敎的而西洋爲哲學的也緣此之異一成保守的繼紹的一成進步的破壞的蓋宗敎以墨守爲主義者也試取耶敎佛敎及其他几百之稱宗敎者觀之其流派之內亦時有鬩檣之爭然至耶蘇釋迦之言行則無有非難之者

否則必因防閑宗教末流之墮落欲復歸開宗者之本意耳故所謂宗教改革即稱之爲宗教復古亦無不可至於學術則不然前人所是後人不必從之今日見之以爲理明日視之以爲謬歷史所在往往然矣今東洋之儒教及夫老莊者流名雖學術實則常帶一種宗教的性質故孔子沒後羣儒代興各唱其說孟荀論性之善惡兩漢南北朝之精研訓詁有宋之高談太極無極國朝諸儒之致力考据旨雖不同然其所歸無不以孔子爲宗向各是已說自謂得孔子立教之眞意膽力稍鉅者或能詆譏里孟至於孔子則無敢一言觸之景仰之情殆如北斗道統之名由是而起謂非宗教其可得耶平心而論孔子之學固足以冠中國尊崇之心當所應有然其欠缺之點亦自不少吾人於此亦何必固爲迴護之語耶數千年學術之不發達亦未始不由於此至於老莊亦莫不然而其教徒之信心尤較儒教爲尤甚

反觀歐洲之思想若撥格拉第之地位猶東洋之孔子也然後世果墨守其言語以爲決斷是非眞僞之標準有若孔子者乎他如拍拉圖也亞里士多德也皆一世之鴻儒而後學視之亦無以愈於撥格拉第也況至近世苟眞理之所在雖先哲亦不

憚辨難攻擊故以康德黑智爾之著述反對派評之甚嚴更無絲毫之隱諱若是則一爲宗敎的一爲哲學的明矣惟其爲宗敎的故改之也甚難苟非由社會之根抵以顚覆之則此習終難自悛吾人於此須留意也惟其爲哲學的故一黑智爾仆而一『學嵛帕爾』即代之而與西歐之天地依然如故也議秋之『乍拉思朵』雖所至傳誦然其政體其制度文采不受絲毫影響也（謂哲學思想僅動人心於冥冥之中）

（二）曰東洋之學術以心學爲主而西洋以物學爲重也試先徵之於宗敎彼耶敎佛敎回回敎拜火敎等無不發源於東洋即希臘倭馬時代所謂人間的神之思想亦從猶太之唯一的造物主而來者也更徵之於哲學彼希臘之哲學以物活論爲創始及德謨頡利圖魯其波思等之分子論出而唯物之思想遂滔滔綿綿橫流於思想界快樂主義由是而起感覺之論由是而生至近世自然科學之發明慕爾學朶此乃依爾之徒大鼓吹唯物的思想及加爾呼古拖出遂無以人視爲一器械而以其思想與糞尿之分泌物同視矣然觀東洋之方面則何如其在中國不過有簡單

之五行論及天地開闢論耳其於唯物的思想及關係於自然哲學之思索果何有耶如彼老莊則欲卓然建設無名之道體以說明有名之現象世界者也若快樂等論亦僅見於之揚朱要之我國哲學史上之唯物思想誠寥寥乎晨星之不啻若夫印度之思潮亦有與此相同者雖婆羅門教中有地水火風諸論佛教中亦有倶舍宗等論而其所極不過我法皆空之大乘佛教其於自然科學之類則全然置之度外然則一爲心學一爲物學吾之論此自信亦非過言惟其然也故東洋之學術所貴者爲心驗西洋之學術所重者爲物驗十三經二十四史之典籍其歸着在脩吾本心八萬四千之佛教其主眼在一掃迷妄而明我之本體然則雖識貫天人才窮今古猶如贅疣駢拇況不此者更爲雕虫篆刻之文辭哉夫心不可模道不可見唯由文字始能知之以是豪傑之士興則無不以闡明古學古經爲任其才甚高而志趣遇急者則奔入於教外別傳不立文字之門欲以坐禪觀想以覓本體於髣髴之間或則專事考据其弊也至費一生於亥豕魯魚之訂正而不覺然其所挾目的未嘗不在求心索道也西洋之學術常置重於外界故其格物窮理不盡不止今日歐

洲之文明實外物實驗之結果實地研究之影響也彼俄立樂之發明力學之原理非以鄙沙塔而證明之者乎紐頓之發見引力之理法非以觀察林果之墜落乎弗蘭枯林之悟蒸汽之原理非以放紙鳶而得者乎他如學乃登約穩等之於細胞說達爾文之於進化論馬依爾之於勢力保存說亦孰非求其源於實驗者哉

(三)曰東洋研究學術之法多爲演繹的總合的而西洋常爲歸納的分析的此亦彰明之事也蓋一以內界之觀察爲主一以外界之經驗爲指導故其研究之法亦自不得不相異如此歐洲今爲之文明實以歸納的分析的代古代之演繹的總合的而來者也然則謂培根之着述於近世思想之勃興與有力焉誰則以爲不然者且也晚近德國之學風披靡一世研究之方針愈益精密以前認爲一科者今更分爲數科各爲專門之研究如彼亞里士多德拉比尼都之波立士朵爾法固已爲時勢所不許雖富於英國學派之常議者亦招世之冷笑矣反觀東洋既常以內界爲主其結果自不能不傾於獨斷凡事既重獨斷其結果自不得不置重於假定之原理

而用演繹之論法自然之勢也彼歐洲哲學之認識論在彼常重要視之而在我無此思辨也（惟莊子書中多有論及之者）故德加爾朶之硏究法康德之批評哲學等類求之東洋不能得其類似也夫旣以演繹爲主而偏於獨斷故懷疑二字遂爲我思想界之所禁東漢之王充趙宋之朱程雖常有此傾向然終不能以是爲其特色也

東西兩洋思想之異大率如是若欲求其所以致此之點則當知兩民族性質之不同今更就倫理上及社會制度觀之

（甲）由學說之傾向而概論之東洋則常偏重宿命論及直覺論而西洋則常偏重自由論及功利論此其大較也而東洋常以天道爲人事之標準例如儒敎分天地之道爲陰陽剛柔因是遂類推人有仁義又如因天地之有卑高以論及人之有尊卑貴賤此其最着者諸葛孔明明哲之士也而其言曰謀事在人成事在天一若人力以外尤有超然一種之勢力以支配人類者觀於此意亦暸然矣若夫儒敎倫理其最大間題莫如性善之論然試問此性爲何必曰天之所賦也爲諸德之總目者仁

也然試問此仁爲何必曰由天道好生之德抽象而來者也以是之故遂謂人不可不從天道天理矣老莊亦然其於天理之義雖與儒敎不同而其謂信命而樂之則亦一也書曰滿招損謙受益傳曰天定勝人亦皆由此宿命論胚胎而來者也西洋則不然其解釋文明開化也皆歸之於天人勢力之消長以爲人受自然束縛之程度愈淺則文明發達之程度愈高而科學即爲其勇將以奏今日人力萬能之凱旋者也

附記後世之所謂天理者亦往往含有宇宙一定之理法及良心等之義然其所由來常在自然界西洋之倫理思想雖亦如此唯彼以自然與人之關係全相反對故倫理學上言理性、及眞理原則等時不用 Natural law 等語又以前法蘭西雖有性法學派及自然主義今已無信之者矣

武觀關於自由意思之爭論或由敎宗上言之或由哲學上言之或由心理學上言之聚論紛紛莫衷一是則知自由之觀念在道德上如何爲重矣又試觀黑智爾以自由之消長爲世界歷史發展之標準則知與實現之社會又如何相關矣總上觀

之東洋之重宿命與西洋之貴自由彰彰明矣玆更就直覺功利之別言之其在東洋則管子之政治主義維略近功利一派然倫理學體系之正統固常以直覺爲主者也故目的雖如何正大若其手段不善卒爲君子所不與所謂行一不義殺一不辜雖得天下不爲逆取順守斥爲覇道所由來遠矣故孔子之所謂仁孟子之所謂四端王陽明之所謂良知皆以人有直覺善惡之能力者也反觀歐洲之傾向惟功利主義大占勢力而常以後果爲主雖夏復排禮有道德感覺說多馬黎得有良心說康德有形式的倫理思想然邊沁穆勒之徒盛倡功利之說其勢力亦有不可敵者唯其功利主義之目的即所謂後果者若非個人的則不能以經驗的普遍稱爲正確之標準耳故近日之學者皆研究功利主義之目的（即後果）果如何以充之有唱自我實現者有以爲社會之福祉者說雖不同而要之倫理學之大勢皆據內容之如何以推求目的之所在此可以拔爾審秀埃唖之著述證之也更就道德論之所謂良心者言之東洋則以直覺說之結果自不能不採天賦說而西洋則常傾於經驗說也記曰天命之謂性率性之謂道修道之謂教孟子曰人之所不學而能

者。良能也。所不慮而知者。良知也。此皆天賦說之權輿荀子之徒雖唱性惡之說終視爲異端而被排斥矣反觀西洋則如何其純正哲學之壇上已久樹經驗論之旗幟康德之世雖暫歸調和然未久而即分裂及進化論起應用遺傳說於倫理上就其一方面言之似有籠罩直覺說之觀然其思想之本質則謂爲一種之經驗論亦無不可也更就關於良心之心理學的說明言之在東洋則以情在西洋則以理惻隱羞惡辭讓是非之心。其端發爲仁義禮智是非以情說明良心者乎諸德以仁爲首百行以孝爲先是又非以情說明良心之見端者乎惟其以情則不能不以行爲主西洋則反是其所謂倫理學之鼻祖如撥格拉弟其人者即以知爲德之本以爲吾人之行惡事因其知未至而理未窮故也又康德之所謂善意者此爲理性的意志之別稱而其所謂無上命法即不外夫理性之命令耳其他以本體爲睿知或於純正哲學之上見倫理學占重要之地位則知其知力之見重而其解釋良心即亦不外夫此惟其然也其結果自不得不偏重於知固自然之勢也綜上觀之足知東西洋之學說。其間大有所異。既如彼矣。

(乙)由實踐的方面以觀察之。東洋非無楊朱等之快樂派。西洋亦嘗有思朶亞派之克己主義然就其大體之傾向言之則雖以克己說爲東洋之特色以快樂論爲西洋之思潮亦無不可。儒教之重克己固彰彰之事實不待贅也即彼老莊者流從其一方面觀之雖有利已的快樂主義之觀而其本質仍不外夫克己也又此克己主義於教育一方面亦大占勢力故所謂君子也學人也無不由是而出曰克己復禮曰知足安分無不由是而來也西洋則不然『齊乃樂』『優比樂士』之快樂主義自昔已大占勢力『邊泌』『穆勒』等之功利說『斯賓塞』『思氣本』等之進化論其原理無不取之於此至近時倫理學之傾向則直謂人類務使天賦之慾望完全圓滿發達以爲人生之目的況乎自『約本帕爾』以意志爲哲學之根本的原理更於心理學上生理學上以意志爲生物活動之源泉於是勢力主義活動主義遂有不可搖動之根據最近『宜溪憂』之本能主義『維爾其』之小說要皆由此影響而來者也『補爾審』氏之倫理其見地較爲平允思想較爲健全者以其所採者爲目的論之勢力主義故也

（丙）由社會之組織比較之。則東洋爲家族主義。西洋爲個人主義。是以我所貴者秩序。彼所重者自由獨立也。蓋非藉秩序以爲之差等。則家族主義不能行。故其爲敎也。自不得不偏重於尊屬。而乏人人平等之觀念。爲人子者。苟爲父母之故。雖妻子之愛。亦不能不割之。此从來道德所指示也。爲義理而滅情。亦從來道德之訓言也。君雖不君。而臣不可以不臣。父雖不父。而子不可以不子。正與君親不可不待臣子以慈愛。而臣子當以忠孝報之者。認爲並行不悖者也。西洋則異是。以爲人人皆有平等之地位。其相互間之權利。非互相退讓。則難期社會之圓滿。因而藉法律之力以調和之。於是乎法治主義之必要生焉。而男女同權。共和政體。乃至社會主義諸說。皆以此爲根據而興矣。且也。於一方開政理之學。如親子之關係。東洋惟以單純之感情相結。故親之視子。儼如私有財產。西洋則以爲雖爲之子者。亦爲國家之臣民。常與親同一視之。而以國家所制之法律宰制於其間。觀其社會之實狀。父子常分爨而居。未有如東洋之父子兄弟數十人聚合於一家者。若論其弊。則重家族主義者。足以增長依賴之心。親屬易至相累。而重個人主義者。往往因利而相賊害骨

肉之間至有以分配遺產爲目的而利其死者

據以上所敘述足知東西兩洋思想之異及倫理的方面亦不相同即了然於兩者間衝突扞格之所由起矣雖然衝突以調和而終之懷疑之建設以生物界優勝劣敗之理行之於思想界不如適用黑智爾之辯證法之爲愈也蓋以東洋爲正以西洋爲反則此兩者交錯之結果其間必生總合即彼所謂 Snfgehobene momente 者是也今下論東西洋思想之融和即亦不外乎此意

夫世界思想之大勢似已經過衝突之段落而入調和之新時代者誠以信仰與理性之關係言之曩者宗教家目科學者爲異端邪說科學者又斥宗教家爲迷頑固陋二者常氷炭不相容也今則宗教家務期不背科學之原則科學者亦未嘗奉『孔德』『枯爾達』之說以漠視宗教二者各畫界限不相攻亦不相悖也又試觀哲學與科學之關係曩者雖分道而馳今則益相接近如彼『渾特』『賴端』等其一面雖爲哲學者而一面則儼然爲科學者矣又各『哈奪馬』氏以 Speueotion Rlsolt ate naeh induitionnotur-wissenschaftlohe 之言自相標榜觀其所著之無意議論

則知彼已如何盡力於科學的證明矣他如現今之政體其中央集權與地方自治之間愈得適當之調和經濟之政策其極端之個人主義與國家主義之間已有社會改良之學說且也近日社會學發達以來各事各物之間亦皆有有機的關係不容仍如曩昔之孤立矣總上觀之世界之大勢可以見矣夫世界之大勢既如彼顧謂東西兩洋之思想終不能以調和而使之融合有是理乎以下略從其要之事實而論之

(一)曰法治與人情之關係也夫歐洲之道德爲法治主義而東洋爲人情主義故在彼則自君臣父子夫婦之大綱以至雇主傭工等之諸關係其間無不以法定之在我則僅任之於相互間之人情耳是以彼所貴者惟法我所重者惟禮法者何平等是也禮者何秩序是也欲使個人主義完其成非法無以維持之欲使家族主義奏其効必籍禮以範圍之此不易之理也雖然人類既組織社會即成國家矣則此兩者之間自有調和之必要是以西洋常寓禮於法之中東洋常寓法於禮之內從其全體觀察之亦非必爲相反者即以我國之所謂禮者言之彼進退揖讓之文昏冠

喪祭之事固即所謂禮也然體國之大經治民之大法亦何莫非禮之一部哉然周禮一書名雖爲禮實則當時體國治民之法典耳試取周禮之內容觀之凡官制也財政也教育也民事刑事之處置商法訴訟法之規定其中無不備具之他如國勢之調查人口之統計亦無不條分類析燦然可觀由是觀之非寓法於禮而何哉故中國數千年來之特色實即賴此禮以維持之雖於法制規定未免疏略然略採西法即爲最高尙之法制例如姦盜罪也我國慣例純以禮教爲維持姦淫之罪愈親愈重盜賊之罪愈親愈輕西人不然惟以犯罪之大小論不以親疏之界限別按之公例此實我國之特長惟個人之權利義務甚不發達此則當移易者然亦不必盡仿西人之個人制度而拋棄我國之家族制度也總之禮與法者相待相因始能奏効無禮之法如商鞅如耐加爾雅思其効可覩矣無法之禮如周末趙宋之政績卒至國勢萎靡潰廢而不可救此恩威並行寬嚴相濟可以爲政治之大本也然近日往往有心醉歐美法治主義信法律爲萬能而以道德爲迂遠爲迷頑者然乎否乎不待智者而知矣夫今日之所謂法律者多本於種族之風俗習慣而風俗習慣即

由社會的本能之協同作用而生者也故無社會的本能之道德性則雖發布法律能保其有効乎法律之有効力必其國民有服從之道德的資格而後能見者也彼持功利主義者雖有調和利害之制裁論然使人類無感覺制裁之道德性亦必無何等之効益盧梭之民約論所以稍有欠點者亦因忽視此重要之點而徒以法律的契約爲國家成立之起源故耳

抑觀人文發達之大勢則宗教變而爲道德道德變而爲法律以不可掩之事實也然不能以是之故遂謂有道德則不需宗教有法律則不需道德也不過應時勢而有分化耳茲例圖明之如上。

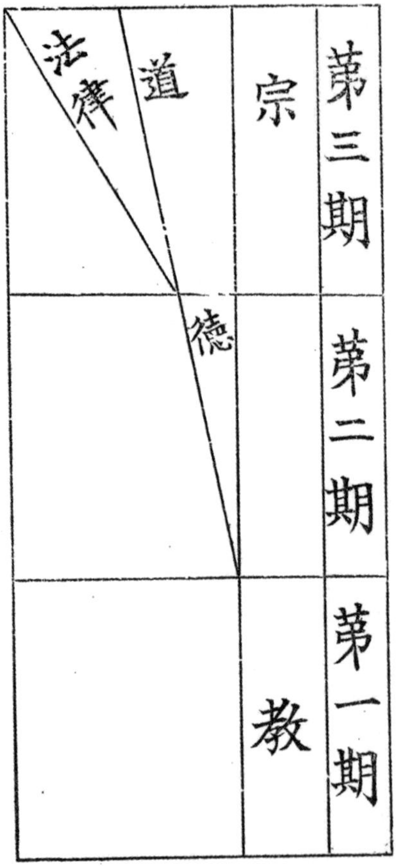

然則人文之發達必俟此三者共同發展而後能圓滿美足決非可取其一而捨其二或取其二而捨其一也以是亦足知法治萬能主義終不能行矣

(二)曰道德與經濟之關係也歐美今日之文明經濟之力耳而經濟學之原理即在自由競爭四字是以社會全體皆折而入於競爭之渦中各圖擴充其慾望然其究也大兼小強併弱貧富之殊判若霄壤富者沐文明之恩膏其得精神上肉體上之快樂無不如意貧者愈益墮落曾無救濟之希望於是乎社會主義起焉畫各種救濟之策欲以矯正其弊曰宜寬待勞働者不可使役幼弱之男女曰宜爲彼等設諸種組合以圖生命財產之安寧曰宜制止託辣斯以防資本家之跋扈曰宜定遺產相續之最高額此等救濟之策可謂善矣然試思何者不直接或間接與吾人之道德的意識有關係乎然則僅以自由競爭爲經濟學之原理欲由此以求眞正之幸福者乃一種之空想耳必也藉相憐同情之道德主義以補其缺乏乎觀加乃其之『富之福音』披靡一世亦足卜此趨勢矣雖然我國幸猶在此調和之好地位也何也相憐與同情之道德爲從來社會組織之骨子能豫防自由競爭之弊而有餘故

也故夫法律萬能主義於政治上亦不能行何也人民無政治的道德則法律雖如何完善其結果亦將至不良故東洋之施政主義亦未見其爲迂遠也若夫宗教則我國固夙信孔子矣然孔子不得爲宗教而佛老兩派亦可互濟其益亦不必排斥耶蘇我自發皇其勢力斯即可耳其他美術風俗社交以至衣食住之末節大抵皆可折衷而行之調和之途當亦不遠準是而言則我國過去之思想恆爲我國自有之精神然則當此二十世紀之交欲使西人之思想收吸之以補我缺以發達我國之文明而照耀大地者亦何莫非吾人之責任也哉

時評

時評　對於鄧獄之感喟

酸　辛

二十世紀兩大毒物一野蠻專制政府一野蠻專制官吏專制政府以殺人流血作固權鞏位利器專制官吏以殺人流血爲陞官發財媒櫱兩毒交乘而窮窮無告之黎元除就死之外別無他術幸免顧螻蟻無智尚惜殘命蜉蝣須臾猶冀更生同是圓臚方趾寧肯割烹由人鼎俎自我於百死一生之餘而不求對待之方哉此革命之風潮激於法蘭西虛無黨之暗流湃於聖彼得堡也自數十年來歐風東漸洗人腦魂殺氣西來莊人筋髓甘死怪傑動不惜擲一人頭臚與政府官吏角逐吳烈士炸彈徐義士手鎗支那革命鼻祖亦虛無黨開山也余每論是未嘗不慷慨太息白生民何辜遭此荼毒官吏亦命値是暗僇安得有悲天憫人者出調和兩大之間濟

殺僇之窮也幸也近年來議新刑罰者有之譚地方自治者有之操術有異志蘇官民水火者一也是救中國之亡原不僅以官民爲前提而中國之所以致亡要以官民之不和爲歸納也猶太亡矣波蘭亡矣高麗亡矣安南亡矣一致其亡國歷史總以官民不和自爲漁爛異族因之乘間伺隙也中國雖未猝臻猶太波蘭高麗安南慘劇而宰制吾者有人環伺吾者有人有形封割歷數百年無形瓜分胚胎念禩則中國之一草一木一石一礁皆在異族統權下矣爲官吏者當如何大聲疾呼率國民積極進行紓亡國之痛於萬一也耶無何紹獄現後官吏不唯毒民之志烈而毒紳之志更烈獄起學界罪中紳者國無論何省省無論何地此歲捕逃累年囹圄株連屠僇死亡枕道者非學界志士即紳界翹楚也即以河南論之客年新蔡之獄殺紳界殺學界殺平民騠騎盈道巡探充斥鷄驚犬逃闃寂煙火者已有數村則死於非命無辜者亦不知幾許慘憐莫告之同胞也幸林撫尚通民隱撤委奏參新民命假以稍蘇夫殺人者抵法自明條唯慘賊不仁之州縣殺數十人殺數百人小則撤委大則聽參積極則以金錢了之不唯弗克抵罪且因之陞官獎銜者無怪乎州縣

果於殺人有不嗜殺人者不能為州縣也是中國之法律國民鴆死毒葯官吏脫罪圭臬政府殺人無形之面具也顧乾嘉道咸時代一官吏濫殺時代然陳情督撫哀呼禁門奇寃昭雪者適有其會緒朝以還殺人界中又出一新花樣案之來也不獨可殺一人可殺數人即合全境而屠之不唯無人敢誹議彈劾假此而博大官攫厚祿者亦更僕莫數其秘術安在即曰會黨惠欽亂後政府惡黨人之心靡一日而祛諸懷凡一切內政外交最注意圖謀者思弭黨禍於無形因之督撫司道州縣胥吏凡一心陞官發財者亦靡不以黨人為汲汲朝捕黨人夕捕黨人於是黨也捕之非黨也捕之言論涉激者指為黨魁公與官抗者目為黨員揭陷宿恨者揑為黨通學界也紳界也軍界也平民界也凡圭角傲岸骨稜嚴格者胥以會黨視之茫茫四百餘州覺無處而非黨人生殖孵化區域者顧誤矣人盡黨也政府尚不能支渺爾官吏況中國時局日危列強侵略日促果有黨也亦中國前途之幸波斯即亡黨人密布識者有復興之望土國已危黨人雲湧一崛而臻列強黨人者雖為政府官吏之荆棘而寔促政府官吏政治進行之利器也黨亦安可無哉假殺黨人即可弭黨禍

也則殺黨人最夥者首俄羅斯次土而其圀圄無隙地宣告無虛日而飛彈利匕剸刃暴君汚吏者前者仆而後者踵勵近土國所有黨人全行解放俄亦擇其輕者解放萬餘天下本無黨政府官吏撓之激之摧之殘之欲以消黨禍適以助黨媒故俄之虛無黨宣言曰**吾黨所以振興致此者政府官吏摧殘之力也**吁中國之黨原屬無賴者多自近年來政府官吏挾嫌構陷紳界學界軍界平民無辜者恐株連之不多殺僇之不夥也即以會黨目之故本殺人之手段達陞官發財之目的黨也殺之不黨也亦殺之於是黨者黨不黨者亦黨殺一黨有數黨殺數黨有百黨學界也黨界也紳界也黨界也軍界也黨界也平民界也黨界也嗟爾政府蠢爾官吏雖刀鋸霍霍鼎鑊炎炎亦其黨何哉嗟夫中國聽之於亡余則無言偎思將亡之際施拯亡之術是非紓黨禍而道無由此論本中國存亡一大問題非僅爲河南發也而河南適有其禍謂爲河南發也亦無不可新蔡之獄已論之詳矣不意鄧州之獄其苛刻殘忍較新獄之殺人流血慘狀過於百倍者是福無一至禍竟重來吾河南之父老兄弟何不幸值此政府值此官吏而遭此慘天悽地之浩

劫也夫同是五官均是百骸政府官吏絕無特具之靈質軍學紳民亦非獨有之劣性寧政府官吏義當殺人而軍學紳民義當就死也寧政府官吏義當殺人莫抵而軍學紳民義當就死莫抗也吾不解政府官吏具何魔力視殺人如草菅而軍學紳民賦何奴性被殺僇無怨詞專制淫威浸入骨髓絞殺慘劇習爲故常支那之民族特有性也耶不然死者枕籍生者轉徙而天王聖明官吏父母之嘔吟猶不絕於垂死之口頭則同胞之奴性亦何深也顧曰殺縣官者屠一縣殺州官者屠一州夙爲株儒所皷簧是以一州一縣雖屠數村屠數家而不敢與之死抗者懼屠州而屠縣也愚哉同胞胡不覩紹興之役乎殺一賊撫死一志士雖官吏極爲株連而徐之父每兄弟仍晏然無恙者是何也今朝定律罪不及孥夫何有屠州屠縣之舉也哀哀河南嗟嗟父老不死於列強之手即啗於政府官吏之吻其亦顧影自憐也耶鄧州之獄已誌各報謂鄧民暴動者有之官吏激變者有之說各有各有據莫衷一是近得社員確寔之調察此事寔**官挾宿恨黨人乘隙**而無辜監禁斃命者胥網陷羅致之學界平民余不言而心痛言之而心動不得弗拔本求源推尋濫牧酷

殘陰很之技倆與夫毒士害民之狡計俾鄧民黑暗冤獄縱不能昭雪官府或可表白世界鄧民雖死而冤魂容或畧慰不然死者痛恨於地下怨作不白之鬼生者遺憾於畢世莫雪黨人之辱而慘忍無狀之温牧方以奇禍獲中逍揚法外天下之不平事孰如是之甚也原温牧本一狡猾無賴前爲偃師縣令因濫殺被劾嗣鑽營藩司瑞某得派東陸軍游學監督假游差爲起復計此官塲三窟之一者不足爲温牧詫惟渡東後別無事事曰尋秦康武陵爲專門之生活後於風月塲中得一回顧媚生萬金一笑之菊家商店賣春婦嘔山入夢樂不思蜀矣顧好事多魔山西同鄉會幹事偵知焉（温牧紹樑原籍山西）床頭捉奸登兎子竟亦銷魂屈膝求憐孔方兄寧能奏効特捐千元長捐五十磊磊山西鄉會竟放劉郞還家矣河南留東同人憤温牧無狀遺羞官箴爰筆直書登津報者已匝月此濫牧啣恨河南學界者一大原因顧歸河南後包胥之哭孋姬之淚泣訴藩司瑞某且有銅神錢佛奥援引手未幾遷陞鄧牧而鄧州之地皮民膏温牧遂有絞剮權矣其歷任之初也置快鎗六十竿示鄧民曰戾吾威者視此即此可以窺温牧來鄧牧鄧民也耶抑殺鄧民也耶司馬昭之心路人

皆知矣於是假公事便私圖廟產斗捐牛騾煙酒等稅靡不藉新政名目爲攫取置囊之計鄧民飲恨而不敢言者温牧已饒餘官囊矣獨是發財尙未陞官也適留東之王賡先歸矣一觸登報之恨再觸陞官之機而熱心公益之王賡先斷不能弗罹其禍而受其毒者顧鷹之擊鳥也必先戢翼狐之害人也首爲致媚外與王賡先委蛇周旋而內則忮求險害事得而甘心之圖因之蓄毒未發者已有半載斗捐事起王仗公益而上控温挾私仇而殺人鮑蘭絕不相容薰蕕奚能同氣而被慘毒慘禍者王賡先也且温牧致死王賡先者己籌之素矣不過機之未熟莫造三字之寃今則燈蛾自撲加罪何患無詞況南陽一帶山陵居夥刀客俠士時常出沒以此致王賡先之罪理有足憑措之可據無論林撫如何穎晤智慧未有不中其奸者何則烽火日驚長江流域靡一日無揭竿起事之風潮政府睊黨人如蛇蝎蝮蝎者已非一日事故林撫聞電黨人也不拿辦則違關防上諭一下其罪莫逃即明知揑造誣陷亦不過痛恨太息無可如何不得不事就地嚴拿監禁之舉也故鄧獄之起不重罪於林撫咎雖然林撫亦不能辭其責耳封疆重職也民命重事也縱温牧如何揑稟

誣報而王賡先控稟林撫能無睹也飭委澈查全屬子虛吾不知王賡先前神亂經迷捏造此無意識之舉動冀蝕惑林撫之聽也抑或銅魔錢蠹就中作祟林撫亦爲驅役也官界久成錢界素爲外人訕笑林撫原非愛錢者吾夙隱佩其如道府州縣依林撫爲錢樹何也（此非余妄譚。袁司馬之查。受賄與否。不得確知。但陶令之受賄一千餘金者昭。彰人目。不可掩者。林撫何以解此謿也。）且王賡先果係黨魁決無控官之昧舉殺一州牧自有多術何必僕僕於汴道此理最易辨者即曰王賡先禁監後鄧民有劫監鬧衙之舉吾知林撫不出雷池自堪窺其底蘊者王因公益而罹禍鄧民稍有人心者匍匐往救亦義不容辭觀溫牧鎗斃者六人抓拿四人非孀孤瘋顛即癃疾老羸曾謂革命起事者顧如是淚試無紀也指曰會黨其可笑孰甚也更曰王入監後風聲鶴淚不絕於城市鄉區王誠不能無嫌疑者此更足以致亂將來政府之亡竟坐於是亦未可知何則。中國會黨所在多有此洵不能諱者所賴者督撫持鎭靜之方州縣抒保安之術漸至內政有經外交有紀而會黨容或稍戢和平者亦意中事不然因公控官則指曰黨挾私誣陷亦指曰黨於是黨者借非黨者之導火線作生事之媒而非黨者亦終罹黨禍已馴而與黨通所謂

河南

黨者黨不黨者亦黨者胥官吏階之厲也嗟乎吾因之爲河南前途悲矣河南之要求國會也已萬餘人試問要求國會者何意乎非爲吾河南之生命土地財產計乎顧此判任之州縣殺河南人如草芥而河南要求國會團者猶啞然無聲不敢出首營救尙望九年後之國會掉舌橫擊與吾民請命者立憲黨中無此鳳毛麟角也烏虖吾河南之父老兄弟政府官吏致死吾民者已極矣前年新蔡今年鄧州靡一歲無殺人流血者而吾父老兄弟盡黨也耶黨不免不黨亦不免跼天蹐地烏有樂生之機也且也要求國會者不後於人上請願者不後於人政府官吏何竟仇眎河南之人而殺僇進行愈勵也噫是何也奴性根深無抵抗力也即以王賡先論之諒以國會請願一份子而獨首中奇禍則國會之幸福詎有萬一之獲也中原殺機勃勃莫遏莽莽首途父老兄弟各勉乎哉

林撫已去、吳撫重來、王囚於南又囚於汴不知吳撫將何以了此案也、父老兄弟、其日望之附

君子無黨

君子亦黨乎

小說

短篇小說 莊中

獨應

俄國 安敦·契訶夫 著

波毘爾·伊力支·羅舍毘支方徐行室中。步小露西亞製鏤地板之上。忽前忽郤。反照承塵壁衣。作影甚長。來客問官邁伊爾。傍壁據突厥輭榻而坐。屈一足爲墊。自吸菸草且聽。時爲夜十一時。有聲作於隣室。正備餐也。羅舍毘支先言曰。吾於此事。萬不更有所閧。若就羣聚而言。謂人悉平等。則自無間物我。彼牧豬奴密迦。亦是善人何不逮瞿提（德國詩人）或伏烈德力大帝者然試就學理觀之勿徇勿縮君自當知所云白骨（貴胄之綽名）一節正非偏說非愚婦人見地也吾友緣彼白骨在自然史上確有信徵如欲力斥此說吾意猶云鹿之無角寧非巨謬今可據實爲言君治法學言事悉本人情。此外不復更究。故中於平等羣治諸說。自長妄見。第以吾言。吾則固執不化之進化論家也。凡種類貴族名門諸語。於吾意皆不爲虛響。

羅舍毘支言時。神氣激揚。意似甚得。目光炯然。鼻上目鏡突然而躍。力扭其肩。語至進化論家一言。傲然就鏡中自照。兩手分其蒼髯。羅舍毘支著裲襠。既短且舊。褌亦窄。惟舉止滋疾。而衣小隘。頗不相應。首大面目淸整。長髮耐人回思。狀若神甫。或詩人也。而身特瘦削碩長。如妙少年。立時張其兩足甚廣。影著地上。如剪股然。

羅舍毘支素自愛其音。一發言。恆意爲新奇未經人道者。當邁伊爾前。乃益覺神思奮集。妙緒紛披。以客英俊壯健。美容止。且與氏家過從久。頗相得。因大喜之。雖氏素不好客。客見之皆走避。氏亦自知。人言氏喋喋多語。致驅其妻歸諸壠中。因斥之。或面字之曰獸。曰蝦蟇。惟邁伊爾爲新客。頗不爲意。時肯惠然訪之。嘗云盡此村中。獨羅舍毘支與其二女。至爲可念。羅舍毘支敬客亦然。而中之主因。則以客年少與其長女冉妮亞。蓋良匹也。

羅舍毘支既與客談。頗自喜識見之奇與音吐之妙。又視客狀滋健。老懷甚適。漸思將如何爲冉妮亞計俾妻君子又將如何以己之產業付諸贅婿使爲仔肩第此事滋多荊棘。以利子不付。已越兩期。益以前此殘餘與後期之科罰。爲數蓋不下二千羅布矣……

羅舍毘支時又益加發揮。隨申前說曰「是中更無一絲疑影設使獅心李卻大王或伏烈德力帝勇健豪俠之男子有一子者則其人一切美質自必偕音容笑貌傳諸其子又設使其子得良教育多所閱練因有勇健豪俠之氣爾後復娶勇俠朱門之女郎則其美質又必傳諸其孫如是以往漸成一族之特長代相授受如世所謂傳自血肉也幸哉性擇之究竟幸哉彼名門華冑自別異於卑賤之中如出天性而貴介公子亦不與草野羣雌爲緣故靈明之特質得世世相繩永以弗替益以年代之永而其德亦與俱進完全高上矣凡人性中之美善推其極致皆不得不歸功於自然與自然史上之陳迹而彼陳迹之過皆即以分隔白骨使勿爲黑溷者也然哉！吾友吾輩之文章藝術學問道德與義分榮譽之微意夫豈酒傭之子厨娘之兒所能見授……凡此等事物人性之美實皆出白骨之賜耳故試以自然史上眼法觀之彼庸夫索波葛毗支（鄂戈理名箸死精魂中脚色之一鄙野而愚士豪也）人雖不才徒以白骨之故有用已勝良賈任彼於五十博物館均爲檀施者高且百萬倍矣君意何如任君所說第由鄙人言之使吾見酒保厨娘之子靳吾手而不與者須知即此靳惜即以自衛使勿入於汙又以行於自然導引吾儕使進於完全之域……」羅舍毘支仍矗立又以雙手自理其鬢而剪刀之影亦仍矗立

羅舍毘支陡納手衣袋中揞趾踵而立自衡其身曰「今試取吾母國露西亞爲例。孰爲吾儕人中之傑耶。試舉吾國第一等人物。藝術家箸作家音樂家……彼輩皆誰也吾友。彼輩蓋皆白骨之代表者耳普式庚（自此至岡伽洛夫皆俄之文士）也。鄂戈理也。來爾孟多夫也。都介涅夫也。託爾斯多……豈皆厨娘之子耶」邁伊爾曰「岡伽洛夫商人也」

羅舍毘支曰「諾。是將何以解吾說。吾友例外。是其解也。蓋言岡伽洛夫之天才。其說有二。但今且離名弗說。止就實論之。足下吾且問君。君將作何解說。設有酒保。於此洵能造詣高於生來無間以何成名或文章或學術或法律政治而是時之自然乃以神聖人權之故竟與宣戰爲仇則君將何說蓋以實言彼酒保傭奴雖欲自前顧方及他人履邊已自憔悴萎枯陵夷矣隳落矣試觀名門寧見有侏儒斃者厓子瘵夫溷迹其中者乎皆早死如秋蠅矣此正好事使無是沙汰删夷則吾儕文物風華將無一石之賸……酒保且盡毀之矣……君試有以語我此競爭者至今日之究竟爲何如且酒保之所得者又究竟何有」羅舍毘支隨作態甚怪狀如震悚曰「吾人之文章學術自古以來殊無有退潮下落如今日者矣足下須知並世人生已不更存神智凡其活力所基都不外一事即但欲褫他人背上所餘之袒衣而已吾儕所見當世人士雖居然以名貴廉貞自命不知皆可以一銀羅布購買而來而世所謂一般聰靈之羣衆亦僅有一事可識如君欲厠足其中則須以手自護其衣袋否者羣且竊汝錢囊「羅舍毘支遂睞目而笑」重述曰「且竊汝錢囊」語已大笑又曰「顧道德何在……吾儕安有道德者」因引目覘門外曰「君可勿怪設汝妻掠汝貲棄汝而逃者僅微末耳吾友今日世界十二齡女郎已自尋其歡子又凡劇場文會殆亦爲是而設惟以網羅暴富兒攫爲漢子耳阿母鬻其女郎夫婿則坦白而談云將以何値市其妻也吾友汝直可爲商販……」邁伊爾久聽枯坐不作一語至

是始離榻起立視鐘言曰「恕之波毘爾伊力支時已至予當別矣」
羅舍毘支未竟其說急曳臂止之強使復坐且誓弗飯者毋得去此室邁伊爾不得已復枯坐寂聽竊視主人顏色狀驚且疑似始領略其性情者已而有婢入白云少主人屬傳言夕餐已備邁伊爾微歎首出客室及入膳堂羅舍毘支二女冉妮亞與伊羅達已先在席長者年二十四次二十二修短相等玄睛素面冉妮亞四垂其髮伊羅達則束之頂上作高髻食事未進各先飲火酒一卮意示彼輩偶爾燕飲幾爲人生初次者飲已二人惘然相視豈豈而笑羅舍毘支曰「癡兒勿爾嬌憨爲」冉妮亞與伊羅達談均操法語而以俄語應父及客二語錯雜時法時俄因自陳當年辭家就學正爲此時八月其樂何極第今乃蟄居無一地足容轉換惟長日居莊家無冬無夏其厭勌又何如耶
羅舍毘支重述前語曰「癡兒勿爾嬌憨爲」未幾旋舉首視客怡然語曰「節言之由是以觀可知物物之存其狀爲何如矣吾儕以心地之善諸行簡直又或慮非議之橫因與一切衆生互爲親近即對新進暴富兒亦說平等雖然載使吾儕一息反

照應見此善慈所造其罪過爲莫量以此等尊嚴爲吾先祖歷刼所辛苦經營者將於一日中爲今日匈奴燬盡矣」

飲已主客皆返退閒之室冉妮亞偕伊羅達就比雅諸臺燃燭將備奏弄而其父堅與客喋談不知何時始止二女皆慍而疾視思父何過於爲我惟知快其冗談自眩智慧似一己之私尤重於二女將來之幸福者況此家常客又僅邁伊爾一人二女知此客之來意蓋在温柔膩友而老父梗頑堅持之弗肯少縱使有一息之間何耶」

羅舍毘支曰 「如當日西方武士羣起而抗力敵蒙古時吾輩亦必當不失其時自連衡以赴前敵」言次舉右手向上狀如使徒曰「待我形現於酒保傭奴之前不復平凡如波毘爾伊力支當勇壯如獅心李郤大王叱勿爲是疑貳吾儕當有誓言立爲神聖之約酒保如前薄者吾儕當投以傌詈之言直面斥之速縮汝手返汝甕次直面斥之」羅舍毘支時興甚豪不覺戟其食指厲聲復曰「直面斥之！面斥之面斥之」邁伊爾下其目曰「吾殊不能更忍」 羅舍毘支見有新題可資長論因進詰之曰「敢問何也」邁伊爾曰「以吾自爲工人子也」言旣色乃大赧頸纍纍如腫淚

灼然盈其眶旋又發語作破聲曰「吾父誠庸工也」特吾殊不能知是中有何弗善」

羅舍毘支聞言而震當惶亂中狀似重罪被訶木然視邁伊爾不作一語冉妮亞伊羅達皆赧亟俛首自理其琴甚以其父爲慙室中入寂可一分時乃有聲亂作微弱而厲殊難爲聽吃吃言曰「然吾商人子也且予甚用以自傲也」邁伊爾蒼皇遂行觸室中器具似欲傾跌與主人告別疾走出廊下雖車尚未駕亦不復顧

羅舍毘支送之出訥語曰「君歸路且暗車驅頗困今夜月上遲也」二人並至階下立以待馬時天候頗寒邁伊爾自紐其外衣漫問曰「君不見天半墜星乎」羅舍毘支曰「然秋候流星爲景滋美」久之車至門外羅舍毘支仰而視天忽嘆曰「景色佳殊値弗闌美倫之筆一揮寫也……」

客去羅舍毘支躑躅小園中强自寬慰旣怒且益以慙赧其第一事即自知此舉事至鹵莽自不謹愼初不問客之家世妄論白骨致引起如是乖戾旣復思此事已難自恕以先此已有前車曾在汽車道中與生客談謾傌德人初不審客亦德產也……

……復次則知邁伊爾將不復至矣蓋彼輩羣中睿士固類多傲兀固執易所感觸而強於報復者羅舍毘支喃喃自語且唾曰「咄事大惡……惡……惡！」彼蓋自覺所爲滋謬可致哇吐如噉鹻皂復曰「事大惡！」

羅舍毘支自窗內覘則見其女冉妮亞居退間之室披其髮被驚故色稍蒼白森然與其妹語狀若震……伊羅達徐步前卻室陬間入思甚深已而返語爲狀亦激且有怒容未幾二人並語聲囂然羅舍毘支傾聽不能辨一詞惟大略知論列必爲此事冉妮亞怨訕其父謂喋談弗置已逐家中佳客使不再來今又奪其新友矣且以理勢言則此少年弗遠將爲東牀之婿今乃乖於一時使彼在全村落中更不能別得一地藉以息其覊意伊羅達則舉兩腕示其絕望之狀森然自怨其閨閣生涯至爲厭勸且恨青春之將就衰也

羅舍毘支入臥室坐榻上徐徐緩其結束還自念慮思境乃滋困如被脅迫意甚弗適如啖鹻皂且甚自羞愧方解衣時淒然視其老人之脛瘠而修膚理皺縮因憶在此村中已負戚施之綽名凡有言論無不足爲已羞殆有定運莫可移易故事多絡

戾當其壯始之時行甚和易內秉好懷嘗自字曰老童曰神思之士曰堂克訶第西班牙人綏爾凡提所箸書名亦書中主人之名也顧積漸變易初弗自知進於謾傌好爲雌黃其尤怪者乃喜竭其心意肆力評隲論斷藝術及於學問道德雖僻處荒村凡所讀一書或涉歷世間事大抵皆二十年前事物而性終如是即坐作簡書有所賀頌亦必終以惡言雌黃及於萬有彼一經反燭自視已爲蹇翁覺諸凡變遷此其最異矣殆如暗有惡神持其身心強灌注之使滿以憎惡而作不平之鳴者

羅舍毘支登榻而臥歎曰「事大惡事大惡哉」其二女亦不能睡狂笑恨聲響盈一屋冉妮亞且病情緒之疾未幾伊羅達亦啼又少選聞侍婢跣足奔走廊下聲往來者屢羅舍毘支又歎輾轉久弗得寧自語曰「叱耻辱！事大惡」久之羅舍毘支入寐顧惡夢見襲使弗能安自審立一室中裸裎不著一縷高如鹿豹載其食指而呼曰「面斥之面斥之面斥之」大恐而寤醒後第一事入其靈臺即記昨宵曾有大失邁伊爾永不再至復憶及銀行中之利子又當爲二女覓得快婿而已則須飲啖又憶己病且老與所遇之乖戾且冬候又逐人而來而是間復苦無薪木也

晨九時。羅舍毘支徐起被衣飲茗數甌。啖餅酪二斤。……二女皆弗來共飯。蓋弗欲覯其面也。羅舍毘支遂慍。獨臥書齋輭榻者少頃。起就書案作柬致二女。兩手皆震目蘇然而痒。書曰「今老矣。無人見須。亦無人見愛。故將乞兒輩相忘。逮老死時。爲草葬。薄櫬無儀。或迻諸伽爾軻夫俾解剖學室之分割」羅舍毘支書時。覺是柬中有怨意悲情發於行際……惟初不能自已。書之益下益下「戚施！」有聲作於隣室。則長女之聲也。聲怒且嘶曰「戚施！」

「戚施！」少女應聲而和。重曰「戚施！」

契訶夫 A.P.chekhov 以千八百六十年生俄之南方。長學爲醫。後以文章名世。箸有傳奇數種。及小說百餘篇。凡所爲文。趣旨與西歐迴別。俄人斯忒闌涅克 I. strannik 論之曰。近世俄國施政至厲。靈智之士。不適於生。而庸衆反多得志。箸者亦嘗云。賢人困頓。蓋其定命。爾惟世究彫賢哲。故所圖寫。以猥賤者爲多。而於書中之人。則不寄之同情。特有譏刺而已。如此篇者。即其一也。譯者識

寂漠

獨應

美國　安介·愛稜·坡　箸

羣峯微瞑巖谷窟穴皆寂而無言　亞爾克曼

汝聽我爲此言者藥叉則舉手加吾項也曰吾所言境地在力比耶傍碩耳之水裔景色幽怪旣無無動亦無無聲

水波作憔悴色如番紅花其流汒洋乃不入於海但喘息於踆烏赤目之下拘攣櫛汩無有窮期水裔擁叓泥盡數邁爾是成荒陂彌望多生睡蓮爲狀龐然處此荒涼之中一一臚歎且伸其修頸向天森森作陰氣而永住之首乃屢俯仰彼中有呻吟聲若可辨若不可辨如伏水之冲激於地中而彼等於茲臚歎

然其地有界是亦以界森林林幽闇可怖下生叢莽柯葉相繚搖動如赫勃烈兒之波濤而時固無涼風之起也大木亦偃仰作厲聲如裂露珠下自樹杪滴滴不已其趺有毒花糾纏狀悉詭異踠地相枕籍空中聲沙沙然見灰色雲西竄旣及天末則

如飛瀑踰火色之墉而時固無涼風之起也而碩耳之水裔乃無無動亦無無聲日莫瞽雨忽集然雨者雨而集者血耳予立蓮澤間雨集於吾首而蓮則處此荒涼之中乃一一臚歎

忽焉苦月度瘦霧出色如渥丹予在月光中瞥見一巨石黝然立於水裔其色蒼白甚森厲甚岩嶢而色蒼白也石腹受鐫如文字余越蓮澤至水厓漸能覩其文顧終弗審其義予復返吾澤月色轉殷因再覘其石與石腹之文而文曰蕭瑟

己而仰視乃有人立石上予遂匿蓮叢中能覘其狀其人莊嚴修偉衣古羅馬妥喀之衣其長蔽肩至足形狀不可甚辨揣其風度殆神人耳時雖遙夜益以月以霧以露而貌獨灼然頎其額如方覃思故目作警色予又讀其頰間皺襞如披隱書乃洞識其侘傺頹唐并有所厭勌於人間及寂寞以還之希望

是人藉石坐倚頭於手放觀荒涼俛視短林仰矚高木與有聲之天與血色之月予臥就蓮花深處遙察其狀而是人乃戰栗於蕭瑟之中而夜闌矣而是人藉石坐

是人乃運眸子離天下矚碩耳之水與憔悴之波與黯澹之蓮澤且聆蓮花之臚歎

與澤中之呻吟予臥就蓮花深處遙察其狀而是人乃戰栗於蕭瑟之中而夜闌矣而是人藉石坐

予乃臨深澤遙涉汒洋入睡蓮之茂密地呼澤居之河馬出河馬得呼偕毘赫漠士出臨石跌大吼於月下予臥就蓮花深處遙察其狀而是人乃戰栗於蕭瑟之中而夜闌矣而是人藉石坐

予乃以喧豗詛咒元行則有盲風起於天末然其處固無噫氣者天受盲風攪爲鉛色暴雨打是人首大波陡立激水生白漚睡蓮亦嘯吟於其楊林木當風而裂雷起電落石趺動搖予臥就蓮花深處遙察其狀而是人乃戰栗於蕭瑟之中而夜闌矣而是人藉石坐

予憤益烈乃以寂寞詛咒羣品此水此花此風此木此天此雷此蓮花之歎息羣品旣轉爲可詛則寂然月不轆轆行其天雷亡電熄雲垂如如水波沒而不起林木定焉歎息已呻吟止盡此廣漠之野乃無籟影予覘石腹之文則旣轉化而曰寂漠

予覘其人色轉靑白疾舉其首立而逖聽顧盡此廣漠之野乃無微聲而石腹之文

則曰寂寞其人戰栗返身以馳滅矣沒矣不復之見

按波斯之美牙古册爲書極莊嚴中多危言無不入妙由我言之此實記天地大海及司天地大海明神赫戲之史也而古神巫所言中亦多函理致此他若干聖迹亦猶能聞諸玄葉之顫動於大神攸居地曰陀陀那者然適藥叉所言事若在幽宅影中傍吾枯坐則其所告語誠事之尤幽怪者爾藥叉語竟仆於幽宅之穴而笑而予不能和藥叉乃詛予以予不之和耳時有野狸蓋久寓古墓中者出伏藥叉足次睨其面目睒睒也

譯者曰坡 E.A.Toe. 名安介美之維勤尼亞人也以千八百九年一月生於波士頓二歲而孤受育於愛稜氏故兼二姓性脫略耽酒好博卒被斥於學校然其文特奇妙蒼涼激楚殆有鬼才論者謂意多神閟如讀比利時文宗密透靈 M. Maeterlinck 所爲劇至稟孤峭之性解乃類德之霍孚曼 Ho-ffmaun 與意之羅巴爾悌 Leopardi 云千八百三十九年以後歷爲各新聞社主筆又屢以事去至千八百四十九年十月七日以洪醉得疾死於袚爾

替摩年止四十一。時親故多盡。僅得史諾革拉斯 Snodgrass 博士爲治理之。

篇中所設地力比耶 Libya。即亞斐利加之古稱。藥叉爲 Demon 之譯。此云神魔。毘赫漠士 Behemoth 神獸。出舊約書。美牙 magi 者。古波斯教典也。

第八期

文苑

遊宋故宮作

佛音

噫嘻乎宋家大內瀦爲湖千年來者乃有吾對此茫茫百感集捲袖逆風一歎呼兩亭翼然起湖心波光如鏡淨無塵靑蒲搖搖搖荻簌簌風景不亞古玉津憶昔宋祖眞英爽點檢那作天子想陳橋兵變太倉卒萬里風雲起莽莽李煜稽顙錢俶朝劉鋹甘作降王長臥榻已無他人睡好福留與後代享今日重臺高矗矗臺上惟餘三間屋官家天下幾易姓殿門獅子睡尙熟祖宗刱業子孫守徽欽無賴下殿走坐使神洲成陸沉把盞來侍黃龍酒當年豈無愛國人縛制摧壓氣莫伸靖康史紀不堪讀元祐黨碑愴我神晚涼襲人凄欲絕湖東飛上一丸月涕淚不知何處來灑向湖中湖水熱

述感一

輕涉

鸞皇翼方戢羣雀舌已鼓以彼噍噍聲笑此翽翽羽利觜逐蠅頭得失誇雞距如雪著麻衣蜉蝣偏楚楚榮枯乃舜華枉直紛胡苢大哉天地間儳焉不可處徙南欲培風徂東噫零雨漢月明大千胡笳一聲歈月黑不見人山魅嘯如許呵壁天無言聞雞人空舞升高睨故鄉玄黃悲予馬下覓斷金人柳惠滿中土如何湘靈均上下猶求女

述感二　輕莎

橋仰南山巔梓俯北山陰南北里數千俯仰等一身南山變蓬萊橋倏託仙鄉梓在天一方忽忽踰十春人間皆蒭狗造化何不仁怒激江水立泣就重華陳江水嗚不重已華泣不止云何繼世者盡是丹朱子嗟予生不辰薦亂天方始志常矢金石質頗慚葛藟寒暮出雲端招魂爲剪紙魂兮招不來淚湧秋泉水誓尋蘇門生長嘯碧巖裏

秋日雜感　荂子

細雨疏風苦不支間庭無客鶴相隨脫冠危坐東籬畔小唱黃花晚節詩

砭骨霜風過碧巖。先生不屐亦不衫。愛情一縷纏綿甚。殘菊如泥未忍芟
天地威嚴萬象凋。日光黯黯木蕭蕭。傷心我在靈魂界。獨立秋風誦大招
風吹黃葉滿旗亭。柳色全非舊日青。病起劉郎悽愴甚。未曾老大已飄零

女界警詞

大謏

一自由

自由自由。生死將汝求。馬利儂氏亦女流。法國未革命以前。彼獨何緣橫啁啾。紅髻一碧鬘弱者才一寸。眉峰鬱千愁。元魂招自筆底來。電花閃爍光連遽。生撒自由花。死成自由神。萬花叢裏氣森森。獨立雲表排風雲。砰訇一聲菩提春

二女權

女權女權。何事問錫蘭。錫蘭由來女權盛。太平洋中風愈勁。輕蒨身手自立性。四顧一笑大海橫。矯首北望露國秋葉些威拉還在不。奇業颺著新社會。英風轉撼舊神洲。天賦生人權。女子共男子。俗儒向壁說左男而右女。俠骨爲表香魂裏。月華光明太古始。天然優劣陳歷史。

三女學

女學。女學。何處覓先覺。中國女學早不講。無才是德聲調調。誤煞女界三千年長夜。漫漫心惝怳人生腦襞由種別女子細緻無黃白著科間科應獨步絲豪比較極研覈何來老俗貿日夕妄唧噥女子即識字憂患伏其中從軍秦尙賦小戎樂學嚋云害女紅起矣女傑挽頹風

記載

汝陽城北高等小學堂延觀某君演說詞

汝陽縣城北高等小學堂始開辦儘有條理學生雖習文科頗帶尙武精神堂長胡君特別提倡也適某君過汝因延往觀臨堂演說詞曰（上略）諸君當學生的身分總要看重須知道今日上學是爲將來甚麽事人有說上學是爲做官又有說上學是爲當敎習又有說上學是爲當學董這都是兄弟近來聞得的實則卑劣令人欲嘔要知今日設學堂是因中國衰敝人才不足濟時的緣故所以當學生的也須要知道今日上學就是爲國家無論小學堂學生中學堂學生大學堂學生同是個學生同要知道爲國家也不是說不上學堂就不當爲國家盡力因爲不上學堂現在世界交通形勢大變所有新學新法必有不能通曉的處雖欲爲國家盡力恐也無從下手上學堂的就是要令他通知爲國家出力的方法所以諸君、若說我是小學校的學生不必注意國家那就錯了東西洋學校學生也有不令閱報不令分心時務的但中國今日的時勢比不得外洋強國人嘗說亡國滅種那話都不是假話中國到今日橫覽之列強從四下裏蠶食日侵日深豎索之中國的可憐難說的話已經二百幾十年這到底是甚麽時勢那不令人憤恨欲死還說不當注意國家嗎諸君須常常思想手畫一圈譬其內爲中國我在中國某處上學某處昔日被若何慘戮某處現在被若何侵略某處若干志士在某處歌哭涕泣犯死犯難揭纛奔走他這拚命去做到底是甚麽意思這樣觀察起來自然徹底明白了胸中的熱血也就如潮頭直湧起來了(下略)

小是非　　憐

支那日本之外交

日本每譏支那政府謂支那料理外交今美艦迴航到厦不知仍以支那料理外交否抑以西洋料理外交否大抵不出是二問題者近是今日政府對於美艦迴航不獨是料理外交祗藝姬萬歲之外交而已烏虖此東亞兩國之外交

中美同盟

俄占領滿洲直接南下政府因而親日而主持者慶袁日占領滿州昕同已有政府又因而親美而主持者袁唐嚏日不堪爲宗兒美獨堪爲繼父也耶不自立而依人立祗徒擾世界和平未見內政外交之有濟耳悲夫

日本對於支那之活働

中美同盟說起日本人士諷罵者有之驚惶者有之近內務省對於支那人民申戒國民不得有生惡感情處是皆因中美同盟說而流露也噫日外交之幼稚可見矣夫親交支那人民聯絡兩國感情外交正當範圍也因中美同盟而親交支那人民外交卑劣手段也況中美同盟今決無可成之理由將來或可徵諸實事亦未可知耳日人士何必諷罵驚惶迺爾也耶

河南旅滬之鄉會

留東鄉會開會時橫擊駁辯者迺數見不鮮顧歐打事不竟見近接友人譚在滬河南同人開會痛打某某等余聞之詑甚某某等演壇健兒也何致受打爲曰、非打某某等也打某某等之黨也且打某某等黨者非自滬始在汴已幾不免呵呵黨亦不足恃乎試觀九年後之國會打……

林撫惡紳民控官

前河南林撫。凡紳民控官吏者。非嚴加申飭即革除功名。是非曲直遑焉不計也閻夢松、沈兆慶、王賡先者。皆其例耳聞其向幕寮譚紳民控官吏之風決不張夫紳民不准控官吏而獨准官吏之殺紳民也耶不知此老具何肺腸宗旨背繆迺爾讁倉塲侍郎殆天罰之歟雖然兎死狐悲惡傷其類官塲有同情紳民顧無此同情耶噫

來稿

要求開國會者與政府對于國會之現象 續六號

醒生

愚論要求開國會者與政府對於國會之現象尚未終論憲法突布不禁痛極而哭哭極而笑嗟乎愚發是論不快言之中也不中則國民或有死中求活之機中則國民鮮更生之望蒼天穹穹大地搏搏龐大威儼之民族將從此與世長辭入恒河化沙虫黑暗地獄鬼不復克食人間煙火矣夫何有顏面譚天下事哉雖然鳥之將死其鳴也哀人之將死其言也善愚生不辰嘗此仳離死憯其遲生奚足數所最可憐者不識不知四百兆同胞胥死於國會鴆毒而卒不知毒由誰發罪攸誰歸死於九京猶作莫白之鬼亦人間痛恨事也環顧現在默觀未來亦烏能已於言也

烏虖政府許民自治復令官吏揷入掣肘其意果何居哉愚知其隱矣**警察權未統於一也**專制君主利在民有依賴心而忌其有獨立志剝朘戕伐總俾其失固有人權就奴棣範圍莫予之毒不然刑殺繼之嶲桀特出鯁化不倫者亦唯有服首帖耳長不敢抵牿枝牾背巽王靈無何自由民權風潮匝地飛來即轅駒鈍犢頑奴劣質之編氓亦思樹幟爭異撫劍砍地還我自由不恤皇威矧偉奇磊桀不羈之材飲馬心馳揮劍氣豪帝王神聖稜威早未入彼黨腦際則外界之蠶食鯨吞日亟內國之虎政虐刃益烈風雲擾擾逐鹿中原爲民請命者無一日靡烽火告驚之虞東南枚平西北馬嘶風聲颯颯鶴淚瀟瀟頤園歌台萬壽花叢縱極裝點炫黃而一種慘憺索條慘不忍聞之景況默流露徵見於聲歌花影叢裡而政府夢籌枕策已大費經綸矣嗟爾有衆專制不與終古完全自由何堪幸獲顧潢池盜弄不當天戈一揮者而騷擾邊域亦非帝王契意事也奴棣自治在焉其聽朕命不意廿世紀之國民政治思潮一日千丈政府以地方自治作塘塞愚弄者國民即指此爲償約債權矣試觀信浦蘇杭之路山西銅山之礦紹興新蔡之獄江西警察權抑留辰

丸案及森林航海鹽鐵郵政等事種種胥數年前國民敢怒而不敢反對者今則假地方自治名目開會籌抗運動反對電達稟覆代表京議强硬反抗示威運動者隨地方自治詔後層演迭出縱姜軍南下會操示威而國民敵視政府之暗流已磅礴鬱結葱蘢蔓延而莫可遏愚知政府已廻顧之失算矣顧失放任寬縱已過不得弗計鈐制縛束未來然制此地方自治梗化者舍警察統一外無良策何則警察之爲物也無則不足謀治安有之適爲民重患而政府實借此爲壓制地方自治之利器英美德法胥號文明地方自治矣而自治團與中央政府衝突反對時者警察左袒政府而不左袒國民豈僅不左袒而已哉觀於英近來勞働罷工運動女子選舉問題受警吏緝拿囚禁者纍纍莫數即徵警察有益於民耶有益於政府耶獨是中國之警察今尙無此蠻力惡智矣率爾招募鷹犬之資格尙淺且巡丁什長皆由田間來馴染奴性亦未漸骨且於地方紳耆半屬故舊鄉誼伯叔姻戚果行地方自治則自治議長決屬紳耆夫地方制度議長有指揮警察之權利設地方團體與中央政府意見背馳時中央政府必事干涉弗得不假籍警權際是時也警察助中央政府

乎抑顧伯叔姻戚乎此問題中央政府不能即解抉也蘇杭路姜軍南下紹興役警官主謀警察之不足据也彰矣顧駁者曰地方行政不過處理國務一部分與中央政府無背馳理由固也夫地方團體以公共目的意思而謀地方公益非自治之義意乎且中央政府無論如何變動不得波害於地方團非法律規定乎今四交多壘禍變迭出銅山礦信浦路警察權種類此者政府非賣俄法即贈英德地方自治團者默焉認可乎抑起而反對乎假默焉認可何須其奴隸之自治起而反對中央政府必以背馳理由干涉之自治團與中央政府保無衝突乎無俟龜卜可預料矣愚敢倡言中國不行地方自治則已耳如行地方自治原不僅道路橋梁衛生逐畢自治團公事也自治團與中央政府相峙爲積極競爭之進行政府之失利即國民之勝利政府之勝利即國民之死期失利勝利之際一仆一死之關係存焉此中國地方自治要素也反乎

此不得謂自治團奴隸團聽死團而已而一般國民識見定力未必洞悉自治與政府有相互消長生死之機狡桀之政府已燗昭無遺也此政府非警權統一憲兵有備決不敢許民自治者愚敢斷言何則警察者政府之走狗憲兵者政府之惡鷹也（東西各國皆是。非愚苛論也。同胞受官禍。己晚矣前章略述不再贅）**十年後警權一憲兵備師團成禦外不足制內有餘豈祇許民自治也耶吾知同胞不必再要求國會開於何時而政府自宣布開國會之日期耳其開國會之日即同胞就死之時也** 愚發是論或以故作驚人語不然有神經病非也國會定義立法機關也著之歷史定之法理無論誰氏不得謂非國民權利所在者獨是各國國民其對於國會著手性質方法不同故効果即大有懸殊露西亞土耳其國會之無價值者無論矣即日本之國會爲中國一般士庶慕羨而矜式者而一調察其內容不過貴族華族之國會而已雖下議院平民居於多數斥斥有口舌之權利而操立法司法行政實權者唯貴族華族兩院觀四十一年之國會增稅一案報章反對議員橫擊而增稅案通過如故故行政學者云國會利在國民利在政府之點在發動的受動的之關係耳故法之政府受國會裁制美之政府與國會爲平行德之政府與國會相獨立而取採用主義是日之國會不如德美之國會不如法發動受動有殊而利害影響於政府國民間者亦遂不可以道里計也英之國會與美略同故不具論夫發動者國會權利消長之根据而造成此發動受動原因者實抉破壞建設發於政府發於國民二問題日本之立憲也由傾藩倒幕之破壞其發動者在上中流社會而平民寔居影響破壞地位故建設國會權利而上中流社會之利益居多而平民苦力者祇有憲民之資格莫享憲民之權利德之破壞由普魯士首抗澳大利次勝法蘭西而終以二十三州之聯絡成德逸志之聯邦故發動者普魯士而建設利益亦在普魯士故二十三州之桂冠舍非廉大帝而莫與屬也故雖成德逸志帝國統一憲法而享居中馭外大權普魯士特定獨有資格也美之破壞在離英而獨立其時士庶共憤同戈同仇勵厥心力致果迺毅無論士族無論平民爭自由謀幸福者爲共通一致之生

活故其無文憲法成立無所謂政府無所謂國會人人有大統領權利人人有國民義務盖破壞發於共公而利益己普於共公也法之破壞由平民勞働苦力者多故三次革命僧侶貴冑無流血之慘而被慘死慘禍者胥窮窮無告之平民故革命厥成憲法軟創廢門閥階級制度蠲貴冑僧侶特權而獲最優等利權者厥在平民故法之統領受裁制於國會者寔由國民腦血精魂購來也其國會利權之歸納詎非發動與受動之關係乎英之破壞也歷史名譽特稱其寔查爾斯之頭誰斫之也雖迎王荷蘭有自由憲法之頒而寡人妻孤人子絕人嗣者不知慘沒幾許志士頭臚也審如是也**則發動的與受動的之關係詎不大矣哉**今中國之要求國會也不審發動之機與夫破壞建設之理隨政府意旨影響揚波逐瀾醉心各國憲法之空文思食國會權利之厚利不曰監督政府即曰權操國會夢囈轉乞實驗畫餅思以食饑則愚而可憐之情況有非筆墨形肖者更有甚者曰國會可保爪分也可致强國也鷄鳴狗吠奴唱棣和中憲梟憲黨之邪說惑政府立憲之假名是中國未漁爛而魚爛未陸沉而陸沉胥此不知發動受動之的與夫破壞建設

之方而唯致心專力於憲臬憲黨所要求奴隸國會泊政府專制變象之憲法階之厲也同胞同胞視國會爲權利藍本者愚知中國國會之名詞同躋於羅馬波蘭朝鮮之國會爲亡國史尙孜据究研之材料而已嗟乎天胡不辟生此頑奴茫茫禹甸磊磊漢族乃祖乃宗之山河隨國會而俱盡者嗟爾不肖何以逃冥冥之殛也顧國民不知發動受動之原理破壞建設之目的而政府亦頑固勢盲不知發動受動破壞建設之理由則冐昧立憲糊塗國會政府與國民權利雙方得失之點尙未可預測而今政府不唯居於發動之地位而又自立於破壞建設之主體也情知二十世紀專制舞台弗克長保故巧於刮皮換面事金玉其表瓦礫其裡之術錮惑炫擾天下士夫濟野蠻專制之圖狐媚狠誘鷙擊鶻敺網林林總總陷致於中央集權之內而操長駕遠馭之勢政府之謀狡矣是專制不克生存之業一事立憲適鑄成金城湯池莫拔之基也夫知發動受動之的其占利益優勝原天演公例不得爲政府咎獨痛恨太息國民何愚何蠢而甘作受動不事發動破壞建設之圖者奴隸慘辱竟與終古也夫夫所謂國民發動的者**破壞今政府建設平民國會而**

已其破壞手段但舍革命莫屬同胞疑愚言乎請徵之土耳其夫土耳其已久頒布憲法矣且憲法條文不遜歐美非如中國之憲法全改纂日本舍精髓而取糟皮者唯發動的出於君主雖有憲法明文而專制如故殺志士殘國民因之不唯國民日即淪亡強傲不屈之土耳其已漸臻爪分之列也今則青年自由黨恥亡國之痛事根本之謀知外患日亟基於內政腐敗非鋤袪今之頑劣政府不足固鴻圖於是學界軍界商界平民界同力合謀本自由主義取積極手段軍變示威罷市運動炸彈利刃日與政府角逐於生死埸裡究之土帝禪讓內閣瓦解兒戲之憲法極端履行矣向之土國懨懨待斃今列強不敢正視者知國民之發動的非祇國民之利害攸關亦國家之存亡係焉昧昧者以革命可招爪分禍者曷一觀土耳其之近事乎日本報近特論中國回教歷史謂土國強盛中國有直接利害關係以其有宗教性團結力數百年不與中國同化一顧祖國崛起而生反噬毒者回敎固有性也（同胞對之當生愧色焉）烏虖國民之發動的雄且大也而吾同胞何望哉今憲法已發布矣自足制國民死命者而又嘵嘵九年後開國會亦何爲哉不過憲法明文有協贊

二字不得不事此掩耳盜鈴之舉也愚知九年後國會其議案首序可預決者首議者即皇室位置（皇室位置。拘恬甚夥。皇室支度。貴族議員。旗民生計。及一切種々特權。）次陸海軍豫算案次地方教育行政費次鐵路鑛山贖議案次財政劃一案假種種歛財名目磬國民所有事一網打盡之計是要求國會爭權利自由者揖盜入室反憎主人也際是時也國會議員者默認而不忍反抗而寡勢有硬骨不屈誓死橫擊駁辯者輕則警察捕留重則憲兵討首即國民怒極生變事挺險暴動之舉三十六師團突盾其後則授首逃命不暇而所謂立法之權必操國會行政之權決為監督者莫愁河畔百年之歎而已無發動破壞手段而思食建設効果者徵之歷史揆之實事無倖得之想矣悲夫世間男兒尚鄙司馬之子天下丈夫忍作胡羯之奴也耶國民宜知所從事矣不然斷頭剝膚徒事奈何檀香山鬼籙南美州奴籍光儼莊麗世界無黃人駐足所矣夫政府立憲情偽如是而要求開國會之憲梟憲黨罪通於天矣嗟乎憲梟之心苦矣憲黨之志憊矣苦且憊不足卜人憐也國家如何顛危人心如何昏敗公理二字無一日澌滅世道人心行事可質幽獨對民生即失敗奚如而高潔純粹不滔不磨之志照日月而光雄常文文山之於炎宋史閣部之於有明雖皇運竟斬社稷已墟而賫志以沒之孤忠泣鬼神而震胡虜百世下又有生氣焉憲梟憲黨者不唯無敢死行爲且無久遠存留之目的不過隨波逐流順風迎雲政府預備立憲也憲梟憲黨即以要求立憲爲迎合之目的政府預備國會也憲梟憲黨又以要求國會爲迎合之手段其目的手段之變遷因政府意見方針爲傾向藤蘿其質媵妾其性不依賴政府不克生活者憲梟憲黨之原素非祗遺傳性也假政府不預備立憲國會而又預備專制科舉而憲梟憲黨又迎合要求者敢臆斷也觀政聞社員被拿而全黨即行瓦解則憲梟憲黨純仰政府意思爲唯一主義者不俟贅言何則憲梟憲黨果爲民請命也與政府原處反對地位緝拿聽之殺僇聽之而固黨結團之謀不敢一刻放任施棄此列國政黨通有性也況堂堂大政黨既非革命黨之跋扈又非虛無黨之激烈且與政府日事委蛇勸告要求絕無蔑禮犯義行爲者乃嚴拿一紙黨勢委地所謂財政之上必爲監督立法之權必操國會者顧一時之雄論也而今安在哉悲夫聚一群蠅營狗苟而謀富貴功名其宅心積慮已在不堪問之數顧專心一致於富貴功

名其窮通得喪之林不過私團之動作行爲而於社會一般禍福利害生命險夷尙無大妨害碍阻罪猶在可赦之條而憲梟憲黨圖私人窮通利鈍假社會公義名目爲達陞官發財之計則不唯政府緝拿憲梟憲黨罪不容鋤即吾一般國民亦當致果乃殺殺此不肖劣種也何以政府本無立憲國會思想能爲不過外驚逼來內患迭乘而因仍故事踵俄土之憲法國會隱敵暗擊明驅默誘俾國民醉心迷神於立憲國會之假名而不識不知陷泥於中央集權之實禍此政府之包藏禍心觀於宣布憲法之條文已知其大凡矣憲梟憲黨不知不可要求而要求之則愚而無智罪則無逭情尙可憐顧一則曰開明專制再曰君主立憲明知政府志在中央集權而憲梟憲黨即以中央集權要求之覓政府之歡心罕己之富貴地將同胞排擠奴棣離恨夫內而不稍顧惜者顧幸也列祖有靈假令政府之手而暗行神討之誅蠢爾馬良涉爾起超遁跡教會淹息濱戶勿復夏虫秋螂嘵嘵天下事矣顧曰本論以楊度爲前提而忽挿入政聞社未免亂行文規步非也吾黨以仇視憲梟憲黨爲宗旨而以楊度爲憲梟憲黨前提者不過抽象之解釋非重罪憲政公會即輕宥政聞社

也況政聞社憲政公會同邱之貉一社之鼠其人格同其目的同其性質同一而二二而一而已不得以政聞社之解散脫其罪案亦不得以憲政公會之得勢遂重其罪戾也平情而論憲梟憲黨者政府之鷹犬國民之蛇蝎皆毒世厲民之賊而已於是研究憲梟憲黨之現象不得弗以人格爲前提

姑無論將來憲政與國民利害何如將來國會與國民利害何如但國民既要求立憲要求國會亦必當知立憲國會之性質意義而性質意義者何也**人格也**自路易十四朕即國家一語發現後而詩人意諷法家筆誅類以魔王十四摧殘人權剝奪人格爲前題何則、國家者人民意思法理之組織而成爲國家簡單言之即以個人與個人之人格分屬支配而成爲國家此最了解是國家人人之國家即人人人格之國家也故法三次革命論史者曰、禍機亂源統從朕即國家一語胎出而今政府非朕即國家寔行之時代乎是有朕即國家之君主而國民全歸於無人格地位專制下無自由奴隸卑無權利也其喪失人格已數百年矣顧恢復人格勢不能弗與專制政府爲敵而決其必勝之目的又當以國民之人格爲前提人格者可生可死而奴隸不可辱也故推倒政府爲達人格之目的因政府轇轢剝封攫割喪毀吾人格者則全吾人格理不能不鋤此獠不然則無人格勿寧死耳夫達此人格方法手段亦即在平民立憲國會何則國民人格達最上乘者無政府主義巳社會則主共產何須法律組織世界則歸同化勿庸行政機關無所謂帝王無所謂統領又何有專制野蠻政府也萬國父老嬉戲春台世界兄弟悠優樂園相將相勵共躋進化之域而巳吁嗟乎高矣美矣無政府主義也第糟粕莫食何饜酒肉褐縷無庇奚羨錦繡無政府主義不知寔行何年而吾國民如饑如渴思人格之恢復者茫茫無政府主義何可刻而待也今暫紓燃眉剝膚之痛而得達國民人格手段者舍推倒今政府而建設平民憲法國會其道無由憲法者國民權利代名詞國會者國民自由表見物也猶乎國家寔無一定物質可紬繹究研者不過合國民意思行爲而以國家二字括之無所謂原子分母也此國家學者一般主張至憲法者專制絕對的敵方直截了當言之剷奪君主權利歸還人民自由國家者人人之國家義務者人人之義務權利者人人之權利非政府獨當有人格權利而國民祇有義務無

權利人格也此憲法國會之眞銓定義也顧羨魚結網工善利器思食此人格憲法美果者厥唯**鐵血**何則國民所爭之權利即政府所失之權利國民所爭之自由即政府所失之自由其目的同性質同國民必爭之點即政府決不欲失之點有此共通之理由國民致死必爭者政府萬不能不致死以保其失況政府專橫魔力較國民厚百倍者雖國民合群策衆力與政府爭衡於生死之點則勝負成敗之數尙未敢預定屬政府屬國民者顧無此武力而區區訴之要求無論不克如願以償即准其請願如日本明治自行宣布立憲國會期限則表面憲法內裡專制已失寔際國民憲法尙人格故日人達觀者稱政府寔半專制政體即南洲之起事其原因亦胎於是即可徵要求之無効況今政府較明治已差天淵思以要求食憲政美果者不唯半專制之憲法不可得且因示國民團體之虛弱而政府愈以變本加勵藉立憲條文濟專橫政策此專制政府推行必致之手段今者憲法發表矣較專制之專制尤甚者無人格之要求其積毒流害何如也且吾設一追究問題無論憲法者爲剷除奴棣完復人格者理與勢揆之無要求之行爲即曰事和平解抉

計而亦可可以要求但要求之方針手段爲絕對服從的乎抑相對之抵抗的乎此要求者最當首從下手剖解之問題今憲臬憲黨要求國會者敢肯定其爲絕對服從的也堂官集議也度曰、此位不足羈留必去聯絡各省要求國會度之目的區區在國會也即具完全服從性質矣度意中之國會即政府意中之國會觀新報之作服從政府意旨者已數矣即度不必晉京不必再聯絡各省而政府自能如度之期望以相投償度何必揑聲作詞事假面爲也顧曰、此度私人意見而非現諸行爲撰之法理無肯定之罪案質之理論不足公口筆之天討似未足定憲臬憲黨無人格者度果有人格國會目的矣今政府發布立憲之條文逐件辯駁非本論之前提第以其大旨論之即專制極烈時代政府尚有詢及蒭蕘之舉策士猶有上書之條雖聽斷之權操於政府而抗對之權決於國民而今之立憲何如也無論一省之如何顚連困苦無提議之價値即全國共同利害非俟政府之決可靡寔行之効力夫中國十八行省風俗異習慣異而利害更異即政府如何法良治美勢不能使行省利害而混同者地理風俗之關係非法理可以束縛也今政府悍然垂之憲法是明明以行省之利害不同而故以是爲箝制輿論之術毒莫毒於是害莫甚於是也夫專制時國民一省一州一縣尙可呼天哀蒼有達天庭之一日今已鈎源梳笂並此瑣屑之自由而亦戕奪之其蔑視國民人格者如也度非致力盡死時乎顧猶頂紅翎藍車轔馬灞朝件食朝議夕笏叩袁邸耀耀四品腆顏於於京師者其人格汚下爲有評批價値也所惜者以度一人無人品之要求菌黴傳染生各省無人格之要求而政府勘破國民無定力無卓識遂亦不顧公理不恤輿論杜撰一萬國無有之憲法而徑情頒布愚弄國民則憲梟憲黨爲功名富貴而喪失人格者原不足惜而國民本以爭權利謀自由而來者因之喪失人格而去何若安本分奴隸之爲愈也可悲也夫夫鹿傳霖言曰中國之國會波斯土耳其之國會于式梅亦曰中國百姓無法蘭西革命之行爲且無日本傾藩倒幕之功能政府決不可與開國會之二人者意本反對國會造此信口無稽之譚然不論其人而取其言未始非中國前途革改之本論亦求人格國會之要素也何則以鹿之論爲前提是政府居於發動的而國民居於受動的者波士之前轍洵不外是以于之言爲前提是國民居於發動的

而政府立於受動的者法日之革改激烈和平有殊而法日之政府寔居於不得弗立憲者則一也嗟乎列祖有靈俾漢奸自道法言愈以知憲梟憲黨無人格之要求者罪寧容於死也夫憲梟憲黨之無人格如斯其目的抑何如乎試進言之

憲梟憲黨之目的細研究之爲最繁雜之問題一般論者富貴功名禍福利害之二問題爲研究憲梟憲黨目的之材料然此特憲梟憲黨共通之目的其中有單獨目的相互目的者亦有相反而適以相成目的者其目的浩頤莫可總賅非有千萬照妖鏡不克燭其目的之底蘊也先以憲黨之單獨目的言之恬嬉而望太平頑固而仇維維之二派與中國前途存亡無關與憲梟憲黨亦無干系者無論矣八股巨手策論名家前以文章憎命莫登青紫之錄今科制竟聽終絕紅藍之路思陞官而無由任肆志而不得何幸要求開國會者出混跡其間成則公侯將相安必無分否則匿跡銷聲厥亦何罪人己兩便公私兼牟遂不惜吮憲梟之痔舐憲梟之癰任其傀儡更有八月法政六月師範投官場則鷹材不足膺教員則教授無術潦倒學界唾棄人口方以就生無路者亦幸有要求開國會者出假一二新名詞爲附和國會之

張本之一派者無大官之希望不過挾是術以博社會交遊光寵爲名譽啜飯地者更有醉心康說甘作梁徒譚經綸莊嚴老成論時局痛哭流涕開會集議譚鋒不肯讓人學堂公事把持總由於巳藉亡國之名詞文立憲之奸言憑爪分之口頭趨國會之勢力之一派者學界最有重望紳界亦負勢力已作憲臯牛馬俾學界紳界爲已牛馬而國家解抉之本國民生存之要遑焉不暇計焉更有奴隸青年無血後生惑鉢訓之說博新知之譽逐臭老儒桀驕同輩拍敎習之馬疲爲要容之先河開會則先拍掌請願則首署名叩其請願之目的何在國會之意旨何存是輩茫然不知也不過冀博敎員管事之歡心得優等點而已是皆憲黨之單獨目的而已又有憲臯憲黨相互之目的者長於法律而短於政治長於政治而短於經濟法律與政治表裡爲用治政與經濟相輔而行如楊之與熊熊之與方方之與徐團結揚爲國民狐比寔以濟奸不啻唯是長於法律政治經濟未必長於言論勢不得弗求快口者作理論之助更有江南之橘遷地弗良人望攸歸限於方域不得弗求各省各州之劣紳株儒附和聲援則言切情近而易售此憲臯憲黨相互之目的也顧有巨奸內

隱老練外露於國會則捫舌噤聲嗟爾小子以不譚之爲愈於請願則不反對保身有道何碍僅署其名究之寒蟬於廣衆夏虫於幕帷不知者方以其遠慮深謀別有救國之良策也而不知其口涎指動已與憲臬表同情於不言中矣此相反而適以相成之目的在各省之教員議長議紳及散職閒員抱是目的者比比皆是嗟乎鍾毓無靈產此敗類河洛無聲斷自亡奴不得不痛恨太息列祖列宗之不憑式矣夫有今憲臬憲黨之要求即貽生今政府無人格之憲法不俟九年後之國會而國民之土地財產生命已爲中央政府封割吸收盡矣同胞同胞偎以愚言過激者試一取九年內預備之條文而披覽之自不以愚言謬矣嗟爾政府嗟爾政府喋喋於立憲者予國民權利奪國民權利也耶予國民自由奪國民自由也耶愚知不唯無智同胞附隨憲臬憲黨要求國會者茫然自失即憲臬憲黨之良知良能稍存者而一顧今政府憲法之內容應亦歎功名富貴將來如願抵償與否尙未敢知而奴亡種滅之慘辱不及於身必及於子孫也鑄九州鐵造成千古莫拔之劫磬東海水莫洗萬世無極之辱已矣人主我奴應受使權之專橫愚而妄干莫當天演之淘汰此亦

世界公理矣嗟嗟生死晝夜事人生亦蜉蝣驅胡氣於北芒括馬革於燕郊亦男兒痛快事矣何必長此不死不活之奴隸爲哉

胡馬南來
久不歸山河
殘破一
身微

第八期

附錄

新蔡縣豫南學務研究會分會章程

第一章　定名

第一條　本會與豫南學務研究總會相提挈故名曰豫南學務研究會分會

第二章　宗旨

第二條　本會以聯絡情誼交換智識認定義務爲前提以標正敎育倡興實業助理地方自治爲宗旨

第三章　機關

第三條　本會爲邑中同志所組織事務所即設於本邑城內

第四章　入會資格

第四條　本會不分邑界省界其有志行端正願入本會有會員所確保又經本會

會員多數認可者均准入會

第五章　職員

第五條　正會長一人副會長一人監察員二人評議員四人書記員二人庶務員二人調查員三人會計員二人

第六章　責任

第六條　正會長有總擔本會權限內應辦各項事務之責任

第七條　副會長有協贊正會長共同擔負第六條所規定之責任

第八條　監察員有監察職員會員違犯會章及怠於執行之責任

第九條　評議員有決議全體會員意見之責任

第十條　書記員有分任紀事函件校對之責任

第十一條　庶務員有共同經理會中一切事務之責任

第十二條　調查員有調查內外關於學務及各項事務之責任

第十四條　通常員對於本務有認欵分勞及公共協贊之責任

第七章　權利

第十五條　正會長對於已經決議事件有督理各部執行及特別開會閉會決議平均會議之權利

第十六條　副會長有協贊正會長行使第十五條所規定之權利

第十七條　監察員有直接規正職員會員違章程之權利

第十八條　評議員對於未經決議之事件或不及召告全體決議而經會長提出議案時有自由裁決之權利

第十九條　書記員對於本會全體已決事件得用本會全體字樣及印章直接發種種函件於內外各處之權利

第二十條　庶務員對於公認必要之欵項有向會計部直接取用之權利

第二十一條　調查員對於本會規定權限內所應調查各件事有行使全體字樣之權利

第二十二條　會計員有據章程規定期限催索特別捐欵及拒職員會員濫支借

用會欵之權利

第二十三條　通常員有建議參議選舉被選舉之權利

第八章　經費

第二十四條　凡職員會員每會期捐銅元二十枚作爲尋常經費

第二十五條　凡本會遇有特別需欵事件職員會員臨時捐費須按事從速繳納

第九章　會期

第二十六條　每年正六臘等月各開通常會一次選舉事件亦於每正月會時遇有要事由會長召告開臨時會決議事件

第十章　選舉

第二十七條　凡選舉時投票以得多者當選如票數相等以年長者當選

第二十八條　凡已選任職正會長以三年爲限餘皆以一年爲限其稱職者得以連選連任

第十一章　會規

第二十九條　本會會章既經全體公訂本會各員均當遵守違者議罰　一規勸二詰問　三出會

第三十條　凡開會無論職員會員須屆時出席若有事故必先函告書記

第三十一條　凡職員如有因事辭職必經全體認可後於會期時別舉職員補之有暫不能任職者亦須於事前函告會長認可後自行請人代理但事竣之後仍須本人供職

第三十二條　凡有關係事件非得會員五分之三出席不得決議

第三十三條　凡有要件已經全體或多數決議各職員會員當一律擔任不得互相推諉

第十二章　應辦事件

第三十四條　凡職員會員於非會期時遇有緊要事件及應辦各事必須報告者用通信法函達書記由書記報會長會長按第十五條所規定者酌行之

第十三章　附則

第三十五條　甲　關於學問上之研究

乙　謀學務之發達

丙　地方自治之實行

丁　實業之擴張

戊　贊助公理的國民舉動

已　以正式的擊去地方上之公敵

庚　革除惡俗

第三十六條　以上章程係暫時假定其有不妥善之處隨時增改

第八期

自治公約

第一條　凡會中一切法律條件既經公意認可即皆有遵守服從之義務有違背者即爲自違背其意思於法律上爲罪人於人格上爲虧欠

第二條　無論某會友有不法之行爲爲糾察員所未及知其有知者當寄函規戒

或報告於糾察員或於開會時當衆勸戒不可私相誹論

第三條　職員既經多數公舉即當遵從多數之人權不可挾私意以相競爭致生嫌怨

第四條　當尊重　己之人格束身自愛一切背於公德或損害私德之行爲如詐欺等事均宜力爲禁絶

第五條　欲各會友富於團結力除常會期外無論遠近宜常通信以道其情相見時皆宜表發敬愛之意

第六條　宜守六戒

甲　戒過飯

乙　戒鴉片

丙　戒輕薄語

丁　戒攬詞訟

戊　戒侵人自由

己　戒假公濟私

第七條　凡會中關於秘密條件未可遽行宣布者宜確守秘密之德義

職員			通常員	楊心織	張利兵
正會長	金遐齡		張利簿	梅秉南	鍾耀東
副會長	陳五琭		蔡汝贊	蔡汝勷	閻競初
監察員	陳景蕃	羅永亮	陳五瑆	張衛黃	鍾培煥
評議員	閻旭生	戴星俊	楊心啓	楊文煥	郜永安
	李恆初	余慶海	馬居廷	單懋統	楊國棟
書記員	楊中傑	梅正鶴	宋希良	任　英	張睿武
庶務員	梅正鼎	郭家讓	魏懷瑾	楊子明	楊樂岐
外調查員	王用九		楊公賨	楊子勳	梅青峯
內調查員	梅起南	鄒光前	馬居要	馬象生	魏鴻逵
會計員	王龍韜	魏懷璞	楊公著	吳鴻勳	吳治平

第八期

河南

吳子賢　楊心寅　梅良玉　劉立善　趙希慶　蕭　允

楊心良　楊樂儒　梅光勳　耿青森　張　邁

羅振濱　戴秉君　徐國恩

特別贊成員　劉積勳

第八期

來函

濬縣學務之怪象

濬縣有驚天動地之怪現象。爲五洲萬國所未聞。即姜昌五劉鏡清用其棘辣之手段。操同室之戈。殺害地方是也。之二人者。素無賴品極劣近百計鑽營値身學務。今春正月十三日。濬縣大開學會。組織教育會及勸學所。姜君聞風興起。四處張羅。究之稍知自好者。即不受其牢籠。不得已。廼雇無知之童子十九人。贈以食物。給以錢文。以致投票時。幸得多數。而會長一席之目的始達。旋以薪金無幾。遂以地方舊紳。不通學務之王恩桂等。知其好關情面。且善於通關節。諂媚之使其吹噓於縣令葛某得派於道口鎭。充當兩等小學堂教習矣。而該鎭等學紳皆以其品行卑劣。屢敗壞學界。共禀於葛令。幸已作罷。而道口鎭之青年。得不死於饞吻。伊等智窮力絕。遂晉省極爲運動。傾覆高等小學堂教員王淵度。揑名誣造。致王某辭館而後已。

遂又乘機運動新任王令。又充當該堂教習矣。學生大半因其學無根底。又以其行爲污下。接踵告退者。實繁有人。迺姜某逞其陰很之手段。懇求縣令不令退學。而已則從中奴隸壓制。使學生等進退維谷。而不得不就已奴隸之範圍。詎知公道在人。政府强硬恫喝之手段。尚不能鎭壓革改思潮之澎湃。貌爾姜某。以一人之陰毒。詎能害盡青年。今是學堂之學生。已改入汲邑兩等小學堂者。已有數名。餘皆四散就學。是學堂空矣。嗣學憲查知。飭縣令將伊革退。而姜黨又極力運動縣令。僅革退教員。今尚就勸學所職員矣。至劉某者。有酒色之癖。素不耻於里閭。夙設帳於村區。無有肄業者。適前年本縣創設師範傳習所。彼濫干其間。假辦學務之名。以爲漁利之計。遂植黨營私。朋比爲奸。嗣與學生衝突。又不辭職。及縣令下逐客之令。而始稍爲歛跡。於是遑遑二年。得以淹息飯碗者。悉賴當道劣紳之力。曁今春同志擬開學務研究會。及勸學所之辦法。伊等自知勸學之權必失。遂變其方針。而謀創立梓童閣小學堂。充當教員。而爲噉飯之地。彼自爲三窟已得矣。詎意入學者。僅朋黨之學生四五名。而有志之青年志士。皆相戒不問津焉。且款已由縣籌。嗣以辦理無効。而款已停留。彼綱利之野心未遂。因興訟在案。自春至夏。移縣令者三。均以無人入學之故。催飭欵項。不甚介意。嗣以辦理學務無人。警務學堂。俱皆廢馳。彼懷營利未遂之野心。偕同黨人姜昌五、借公營私。具呈上憲。改良學務。之數人者。人品雖下。而所倡者。尚屬公義。故和者亦頗有人。而彼得遂其項覆敗壞之手段。以操縱學界被陷者亦有數人。幸王令尚明晰。未墜其術。不然新蔡之獄。必再釀於濬邑。嗟乎。辦學務者美事也。而使綱利者亦際其間。則不唯不能振學務。因之催殘學界。其青年之受害實非淺鮮矣、悲夫。濬縣之辦學務者如是。

案辦學務難。而不通學務。辦學務更難。且有綱利之心。而辦學務。則豈僅學務之不進步而已哉。遺禍於世道人心者。將已無所底止。來信未必無過激之處。但値學界萌芽之秋。而辦學務者。偎不潔身自好。即人不屑攻擊。何堪質清夜也。附

第　八　期

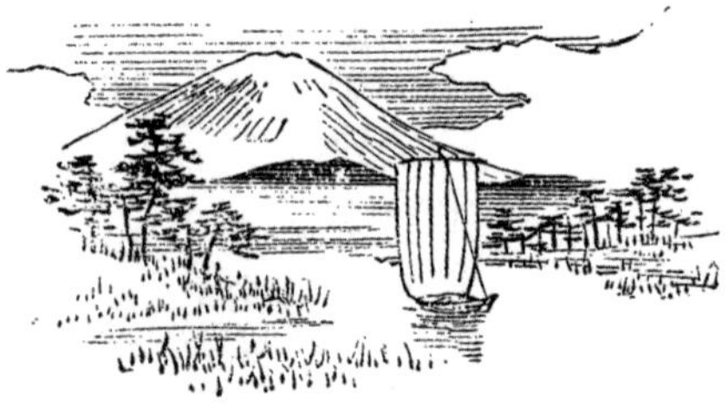

四、（學校紀事）凡各學校揭示、規則、試驗表、紀事等件詳細揭載

五、（商會公件）大阪、長崎、橫濱、神戶各中華會館及華商總會一切文件紀事

六、（領署公牘）大阪、神戶、長崎、橫濱各大淸領事館一切關於華商文件詳細畢載

七、（學務顧問）愛讀諸君如關於學界一切事件無論學校、監督處、會館、同鄉會凡有疑問者本館皆可代為函詢詳答報端以通上下之感情

八、（郵便報知）本館已與東京大阪神戶各郵便總局商妥此後凡華人住址不明之信件概將姓氏抄錄本報以備本人走領不致有遺失之虞

九、（自由通信）凡日本各旅館、下宿、料理店、運送局等處如對於華人招呼不週、規則不善、有種々不相宜者可函知本館必為登報

十、（懸賞餘興）木報每月特設懸賞欄備贈彩件以感發讀者之興情

◉本報內容

一、論說（社說、短評、來稿） 二、日本要聞 三、中國大勢（殖民政策、民變消息、學界風潮、以及一切最易激動腦筋之事） 四、學界紀事（大阪、長崎、橫濱、神戶等處） 五、監督處批 六、使署公布 七、會館紀事 八、學校紀事 九、學務顧問 十、自由通信 十一、小說 十二、詩文苑 十三、雜俎 十四、演藝界 十五、游覽案內 十六、新書批評 十七、領署公牘 十八、商會文件 十九、華僑紀事 二十、日本商情 二十一、中國商情 二十二、插畫以上各門按期必備五日出版風雨不更

◉價目……每月前金參拾錢　半年一元六角　一箇年三元　郵費每回半錢

◉如蒙　贈閱請裁此紙寄至東京神田猿樂町二十一番日華新報經理局

定報單

今願定閱
貴報一份　自　月　日起　箇月務乞
照送並請派人照章收取報金為要
年　月　日
日華新報社御中

住所	姓名印

女報社章程

一 本報以提倡中國女學扶植亞東女權爲宗旨

二 本報發行謹遵欽定報律辦理編輯體裁悉仿東西各國雜誌

三 本報論著不分門類後分科學 教育 家庭 社會·實業 文藝 談叢 小說 雜錄 專件 戲曲 紀載 尺素 衛生 顧問 人事 活斷等門文字雅俗並行以便不甚通文理者亦得購閱

四 本報置社長一人總編輯一人撰述員無定額校對一人庶務書記一人會計一人東京事務所經理一人均盡義務不支薪水

五 本社除自行撰述外廣收來稿凡臨時惠稿者選登後即以該期報奉酬（懸賞徵文不在此例）逐月寄稿者認爲義務賛成員有能隨時報告女學情形女界新聞者認爲本社調查員一律送報

六 本報月出一冊每冊二百頁左右挿畫十餘頁每月望日發行每年出十二號臨時增刊多寡無定

七 本報以廉價行爲目的每冊售大洋三角豫定全年三元二角半年一元七角郵費另加（中國日本郵便均經認可）郵劵代用概作九折計算

八 凡經售本報者十份以上八折三十份以上七折五十份以上六折報資按期豫匯欵到寄報

九 本社除發行本報外更就力之所及編輯各種女學敎科參考各書亦不越本報宗旨之範圍

十 本報定於巳亥正月望日發行第一號以後按期出報決不愆期

女報社
上海福州路永康里
電話三三二二

女報社東京事務所
日本東京牛込區鶴卷町九番地